国家出版基金项目
NATIONAL PUBLICATION FOUNDATION

"十三五"国家重点出版物出版规划项目
中国反腐败国家立法研究丛书

防止公职人员利益冲突立法研究

聂资鲁 著

湖南大學出版社
·长沙·

图书在版编目（CIP）数据

防止公职人员利益冲突立法研究 / 聂资鲁著. -- 长沙：湖南大学出版社，2023. 11
（中国反腐败国家立法研究丛书）
ISBN 978-7-5667-2145-7

Ⅰ. ①防…　Ⅱ. ①聂…　Ⅲ. ①反腐倡廉—立法—研究—中国　Ⅳ. ①D922. 110. 4

中国版本图书馆 CIP 数据核字（2021）第 018432 号

防止公职人员利益冲突立法研究
FANGZHI GONGZHI RENYUAN LIYI CHONGTU LIFA YANJIU

著　　者：聂资鲁
策划编辑：谌鹏飞
责任编辑：吴海燕
印　　装：湖南天闻新华印务有限公司
开　　本：710 mm×1000 mm　1/16　　印　　张：13. 5　　字　　数：213 千字
版　　次：2023 年 11 月第 1 版　　印　　次：2023 年 11 月第 1 次印刷
书　　号：ISBN 978-7-5667-2145-7
定　　价：60. 00 元

出 版 人：李文邦
出版发行：湖南大学出版社
社　　址：湖南·长沙·岳麓山　　邮　　编：410082
电　　话：0731-88822559（营销部），88821691（编辑室），88821006（出版部）
传　　真：0731-88822264（总编室）
网　　址：http://press.hnu.edu.cn
电子邮箱：presschenpf@ qq. com

总　序

党的十八大以来，以习近平同志为核心的党中央，从维护党和国家长治久安与回应民众期待要求出发，高度重视法治反腐，坚定不移地推进党风廉政建设与反腐败斗争。反腐败斗争力度前所未有，取得的成就令世界瞩目，成功地走出了一条中国特色的反腐败之路。我国在国际社会树立了良好的形象，国际影响力与话语权不断得到提升。

在国际规则重塑的当下，国际社会，尤其是新兴国家，特别需要中国提供的公共产品——反腐败中国方案与中国经验，国际反腐败合作也需要中国参与和推进。十年来，中国秉持多边主义立场，积极维护以联合国为核心的反腐败国际治理体系，积极参与反腐败多双边合作，坚决打击跨国腐败犯罪，推动全球反腐败秩序向更加公平公正的方向发展，为构建人类命运共同体作出了中国贡献。

推进反腐败国家立法，是党的十八大以来，以习近平同志为核心的党中央全面从严治党重大政治建设成果的经验总结。推进反腐败国家立法，事关党风廉政建设和反腐败工作全局，是建设中国特色社会主义法治体系的重要内容。在十八届中央纪委二次全会上，习近平总书记就提出，要善于运用法治思维和法治方式反对腐败，加强反腐败国家立法，加强反腐倡廉党内法规制度建设，让法律制度刚性运行。党的十八届四中全会提出："加快推进反腐败国家立法，完善惩治和预防腐败体系，形成不敢腐、不能腐、不想腐的有效机制，坚决遏制和预防腐败现象。"党的十九大报告提出："推进反腐败国家立法，建设覆盖纪检监察系统的检举举报平台。"党的二十大报告明确提出："深化标本兼治，推进反腐败国家立法。"

“中国反腐败国家立法研究丛书”（以下简称“丛书”），基于党的十八大以来“推进反腐败国家立法”和“一体推进不敢腐、不能腐、不想腐”“夺取反腐败斗争压倒性胜利”这一时代背景，以习近平法治思想为根本遵循，深入分析党风廉政建设与反腐败斗争中的重大法治问题，尤其是立法问题，博采众长，希望建构起一种与社会主义市场经济、法治国家和民族精神的发展相适应的道德、廉政、法治秩序，以服务于法治中国建设，服务于中国式现代化建设。

丛书含括《反腐败国家立法通论》《国际组织反腐败立法研究》《防止公职人员利益冲突立法研究》《公共财政绩效预算与反腐败立法研究》《国有企业反腐败立法研究》《推进反腐败国际立法研究》《国外对中国近年来反腐败及反腐败立法的评价研究》等七个分册，凝结了作者对反腐败国家立法的历史沿革、立法原理、立法文本、立法技术、立法效果等方面的全面梳理、归纳与思索。丛书既有关于反腐败国家立法的整体分析，又有对于重点领域立法推进的具体研究，以及对国际反腐败合作与立法的深度研究，还有对国外评价中国反腐败国家立法效果的再评价，它们共同构建了一幅全景式展示反腐败国家立法理论、历史与发展规律、立法技术等的蓝图。

其一，建构了中国反腐败国家立法研究的分析框架和研究范式。从腐败的生成机理、构建反腐败的核心要素、反腐败立法的正当性和合法性等方面搭建了中国反腐败国家立法的分析框架。

其二，概括了反腐败国家立法模式。在对国外反腐败国家立法实践进行全面梳理和总结分析的基础上，将国外反腐败国家立法分为三个时期、三种模式，并对三个时期和三种模式进行了评析，总结了世界各国在反腐败立法上的经验教训。

其三，论证了我国推动反腐败国家立法体系化的必要性和可行性。从维护社会公平正义与和谐稳定的宏观角度，依然严峻的反腐败形势的中观角度，以及我国对《联合国反腐败公约》履约、为国际社会提供反腐败公共产品的微观角度，论证了我国推动反腐败国家立法体系化的必要性。从政策支持、理论储备、立法依据和国际经验等四个方面论证了我国推动反腐败国家立法体系化的可行性。

其四，以国外反腐败法律文本、立法实践为研究对象，落脚于对我国反腐败国家立法的探索，提出了未来我国反腐败国家立法体系的构想，提供了若干立法草案。

其五，提出了推动中国特色反腐败法典的编纂是当下刻不容缓的要务的观点，并着力分析了推动反腐败法典编纂的必要性、可行性，提出了起草反腐败法典的思路、框架与实施策略。

丛书既有对当代中国反腐败国家立法体制机制、反腐败立法体系化和反腐败法典的内涵及其特点、规律的探索，又有对国外反腐败国家立法的得失、特点与规律的总结，还有对国际组织反腐败立法的研究；既有对推进反腐败国际立法与反腐败国际执法的研究，又有对国际反腐败立法、执法绩效评估的研究。这些既是对反腐败国家立法、反腐败国际立法的历史演进、现实发展的研究，也是对未来反腐败法治建设的前瞻。

希望丛书能够给广大读者以启发，也期待着大家的批评指正。

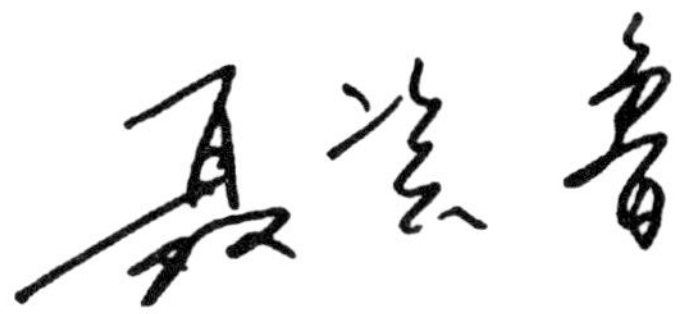

2023 年 6 月 10 日

于广西大学

目　次

绪　论 …… 1

　一、课题研究的背景与意义 …… 1

　二、国内外研究现状述评 …… 3

　三、研究方法与特色 …… 29

第一章　国际组织防止公职人员利益冲突立法研究 …… 31

　一、国际组织防止公职人员利益冲突立法概览 …… 31

　二、联合国防止公职人员利益冲突立法研究 …… 36

　三、世界银行防止公职人员利益冲突立法研究 …… 48

第二章　若干代表性国家防止公职人员利益冲突立法研究 …… 54

　一、代表性国家防止公职人员利益冲突立法概览 …… 54

　二、美国防止公职人员利益冲突立法与“反裙带”立法 …… 61

　三、加拿大防止公职人员利益冲突立法研究 …… 76

　四、英国防止公职人员利益冲突立法研究 …… 86

　五、俄罗斯防止公职人员利益冲突立法研究 …… 94

　六、韩国防止公职人员利益冲突立法研究 …… 109

第三章　我国防止公职人员利益冲突立法探索研究 …… 118

　一、我国防止利益冲突政策和制度的历史演进 …… 118

　二、我国防止利益冲突政策和制度存在的问题分析 …… 150

第四章　编撰我国防止公职人员利益冲突法的思考…………………… 154
一、推进防止公职人员利益冲突立法的必要性、可行性和重要性分析…………………………………………………… 154
二、习近平法治思想是推进防止公职人员利益冲突立法的根本遵循…………………………………………………… 162
三、我国防止公职人员利益冲突法的文本设计………………… 177
四、我国防止利益冲突立法相关问题研究……………………… 179
结　语………………………………………………………………… 183
一、关于国际社会防止利益冲突的立法基础理论研究……… 183
二、关于国际社会防止利益冲突的立法发展的宏观研究…… 184
三、关于国际社会防止利益冲突的立法发展的微观研究…… 186
四、关于我国防止利益冲突立法的研究……………………… 187
附　录　中华人民共和国防止公职人员利益冲突法（学者建议稿）…………………………………………………………… 189
后　记………………………………………………………………… 202

绪　论

中国反腐败国家立法既需要广泛借鉴古今中外的反腐败立法理论成果和实践经验，又必须立足中国大地进行全过程创新，只有这样才能探索出一套符合中国实际的反腐败国家立法理论与文本。历史已雄辩地证明了这一点。防止公职人员利益冲突立法是反腐败国家立法的重要组成部分。为此，我们必须既总结已有的反腐败斗争实践经验与立法经验，又前瞻性地以发展的思路进行立法理论和政策、技术的研究与探索。

一、课题研究的背景与意义

利益冲突在全世界广泛存在。

所谓利益冲突，[①] 是指公职人员在履职时所代表的公共利益与其自身具有的私人利益之间的冲突。[②] 利益冲突已成腐败发生的重要根源。从20世纪90年代开始，国际社会就已形成共识——必须建立健全防止利益冲突的制度，从源头上遏制腐败。之后，不少国际组织和

---

① “利益冲突”是一个法律术语，本义是指不同利益主体之间在利益方面的矛盾、竞争和对抗关系。这个表述最初常用于民商事法律，目的是对社会主体之间的利益冲突关系加以规范、约束和控制。20世纪60至70年代，基于公职人员个人利益与公共利益相互交织的情况，为防止个人利益与公共利益发生冲突，一些国家和地区在反腐败法律法规中引入了利益冲突的概念，专指公职人员因其公职身份所代表或维护的公共利益与其个人利益之间可能发生的矛盾和冲突。

② 利益冲突不仅发生在公共领域，在私营部门也存在严重的利益冲突现象。《联合国反腐败公约》对公、私领域的利益冲突做出了明确的规定。

国家致力于推进防止公职人员利益冲突立法。据不完全统计，迄今为止，世界上已有近百个国家和地区通过立法来防止公职人员利益冲突。2003 年，防止公职人员利益冲突制度也成为《联合国反腐败公约》（以下简称《反腐败公约》）的一项基本制度。从某种意义而言，《反腐败公约》是将防止利益冲突作为核心概念架构起来的，防止利益冲突概念与制度在《反腐败公约》中的地位极为重要。

我国是《反腐败公约》的缔约国和批准国，按照“条约必须遵守”的国际法原则，在中国建立健全防止公职人员利益冲突制度是我国的法定义务。

而在我国，直到2009 年9 月，“利益冲突”这一概念才正式出现在党中央文件中。① 客观地说，目前，我国关于防止利益冲突的制度规定还不够完善，大多缺乏可操作性，执行效果并不理想。

不管是从履约及与国际法接轨需要的角度②来看，还是从我国廉政建设的现实状况来看，我们都有必要深入研究防止利益冲突及其立法问题。这是建立健全中国特色的防止公职人员利益冲突制度的理论前提和逻辑起点。

它山之石，可以攻玉。历史也昭示我们，人类文明的积极成果应该而且必须为我们所用，唯其如此，我们的发展才不至于走弯路。因而，国外防止公职人员利益冲突立法的经验与教训值得我们深入研究。

从国际视野来透视防止利益冲突立法，当有着十分重要的时代

---

① 党的十七届四中全会通过的《中共中央关于加强和改进新形势下党的建设若干重大问题的决定》第一次明确提出“建立健全防止利益冲突制度”。2010 年1 月12 日，胡锦涛在中纪委全会上的重要讲话中，再次强调要建立健全防止利益冲突制度。1 月18 日，中共中央颁布的《中国共产党党员领导干部廉洁从政若干准则》（以下简称《廉政准则》）中，提到“公共利益发生冲突”的概念。2011 年5 月25 日，中央纪委副书记干以胜在落实《廉政准则》专项工作会议上指出，“防止利益冲突”是廉洁从政行为规范的重要内容，也是约束党员领导干部从政行为的一项基本制度。为适应反腐倡廉形势的新发展，必须把防止利益冲突制度的各项要求落实到具体业务工作的各个方面。

② 《联合国反腐败公约》第七条第四款明确规定：“各缔约国均应当根据本国法律的基本原则，努力采用、维持和加强促进透明度和防止利益冲突的制度。”

意义。本研究的时代意义表现在如下方面：①防止利益冲突是现代廉政立法的重要内容，是加强领导干部从政道德建设、从源头上治理腐败工作的重要举措。防止利益冲突立法理论的研究、“防止公职人员利益冲突法”（学者建议稿）的起草，将有助于进一步完善我国的反腐败国家立法，以及廉政法制建设。②本研究以国际反贪和反腐败国际规范为视角，深入研究我国防止公职人员利益冲突的立法与司法问题，探究中国反腐败法制与《反腐败公约》及其他国际规范接轨的路径，无疑可以为完善中国的反腐败立法与司法指明方向，具有直接指导立法与司法的实践意义。③本研究融法学、政治学、行政伦理学等学科为一体，可以促成多学科的结合，具有拓宽研究视野的理论意义与实践指导意义。

防治腐败应当从防止公职人员利益冲突入手。为此，我们应在借鉴西方学者研究成果和西方国家利益冲突法制的基础上，结合本国国情，制定有中国特色的防止利益冲突的法律体系。

二、国内外研究现状述评

利益冲突作为一个廉政建设中的概念，自 20 世纪 40 年代在美国、加拿大运用以来，不仅引发了防止利益冲突的立法活动，也激起了学界的研究热潮。

研究防止利益冲突具有重大的理论价值和实践指导意义，中外学者对防止利益冲突进行了较多的探索和研究，其中有不少探索和研究具备参考借鉴作用。

（一）国外研究现状与述评

2022 年 4 月，笔者在广西大学外文数据库补充文献资料，尤以

“EBSCOhost”网为主，以“conflict of interest”为关键词，搜索到39166项结果，其中，学术理论期刊论文21264篇，非学术期刊文章8315篇，贸易出版物4320部，新闻3911篇，评论244篇。

以“conflict of interest management”为关键词，搜索到580项结果，其中，学术理论期刊论文342篇，非学术期刊文章109篇，贸易出版物73部，新闻35篇，评论1篇。

以“conflict of interest and ethics”为关键词，搜索到5634项结果，其中，学术理论期刊论文3287篇，非学术期刊文章1149篇，贸易出版物489部，新闻594篇，评论29篇。

以“conflict of interest and law”为关键词，搜索到8538项结果，其中，学术理论期刊论文4003篇，非学术期刊文章2233篇，贸易出版物1087部，新闻904篇，评论30篇。

以“conflict of interest and legislation”为关键词，搜索到3812项结果，其中，学术理论期刊论文1942篇，非学术期刊文章936篇，贸易出版物435部，新闻337篇，评论12篇。

以“conflict of interest and lawmaking”为关键词，搜索到19项结果，其中，学术理论期刊论文14篇，非学术期刊文章3篇，新闻2篇。

以“code of ethics”为关键词，搜索到105498项结果，其中，学术理论期刊论文64577篇，非学术期刊文章21282篇，贸易出版物8132部，新闻5146篇，评论3598篇。

以“ethics and law”或“ethics and lawmaking”为关键词，搜索到106项结果，其中，学术理论期刊论文90篇，非学术期刊文章4篇，贸易出版物1部，新闻5篇，评论2篇。

我们的国外研究文献以上述收集到的资料为主，我们对其进行了梳理、总结。

在国际上，很多国家和地区建立了自己专门的防止利益冲突的制度。关于域外防止利益冲突制度研究主要集中在如下六个方面。

1. 对利益冲突的概念的界定

有的域外组织和学者从私人利益与公共利益冲突的角度进行研究，认为利益冲突是公职人员的私人利益与其所代表的公共利益的冲突。如经济合作与发展组织（以下简称“经合组织”）在 2005 年 12 月发布的《公共服务领域管理利益冲突指引》中，把利益冲突定义为“政府官员在公职上代表的公共利益与其自身具有的私人利益之间的冲突”。Guzzetta 认为，利益冲突是指公职人员追求私人利益时与其有权力也有义务维护的公共利益相冲突的状况。[①]

有的则从个人利益与公共责任、职责及义务的角度进行研究，认为利益冲突是公职人员私人利益与由其公共职位所产生的公共责任及义务的冲突。如特里·L.库珀认为，利益冲突是“我们个人自己的个人利益与我们作为一个公共官员的义务之间产生了冲突”[②]，经合组织在 2003 年发布的《公共服务中的利益冲突管理：经合组织的指导原则与评述》中，则把利益冲突定义为“公职人员的公共职责与其私人利益之间的冲突，其中公职人员的私人身份的利益不恰当地影响他们履行官方义务和责任。即只要公职人员私人利益不恰当地影响到他们履行公共职责，就存在现实的利益冲突”。该组织在其发布的《公共领域利益冲突管理手册》中把利益冲突定义为“官员私人利益（包括一切，未必是金钱利益）和其作为公务员所应履行职责之间的冲突”。Seumas Miller、Peter Roberts、Edward Spence 认为，当一个人或一个集团的自身利益与其受委托履行的职责发生冲突或具有两个相互冲突的职责时，便会产生利益冲突。[③] 马国泉认为，所

① Guzzetta G. Legal Standards and Ethical Norms: Defining the Limits of Conflicts Regulations [M] //In C. Trost &A. L. Gash (Eds.). Conflict of Interest and Public Life: Cross-national Perspectives. Cambridge. New York: Cambridge University Press, 2008: 23.

② ［美］特里·L.库珀. 行政伦理学：实现行政责任的途径［M］. 张秀琴，译. 北京：中国人民大学出版社，2001：105.

③ Seumas Miller, Peter Roberts, Edward Spence. Corruption and Anti-Corruption: An Applied Philosophical Approach [M]. N. Y. Pearson Education Inc, 2005: 46.

谓的利益冲突“是指公务员的社会关系、金钱往来或个人信念有可能会妨碍他（她）从公众利益出发，依照法律秉公办事”①。Williams则认为，利益冲突是一种“情形”，在该“情形”中，公职人员的私人经济利益足够影响或者可能影响其履行公共职责。②

Bauld、Stephen认为对于公职人员利益冲突的概念需要从腐败的视角来观察，公职人员也是一个自然人，需要一定的物质条件和物质享受，但是公共部门工作人员的身份特殊性决定了他们不能够通过个人的职务获取政府部门给予的以外的其他物质享受，因为他们的存在是为了保护公众利益，而不是保护个人利益。在这种情况下，如果公职人员没有采取相应的规避措施，很可能使个人的利益和公共的利益发生一定的矛盾，最终导致腐败事件的发生。③

2. 对利益冲突发生的原因以及本质的探究

Hiroshi Mitsumoto认为公职人员操守不到位、伦理失范是利益冲突出现的本质原因，如对权力的过度崇拜，对利益的过度追求，这些最终导致了权力的扭曲和信仰的丧失。他提出了防止利益冲突的几个对策：一是加快伦理法制的建设进程，加强利益冲突防范的外部制度和机制建设；二是要对公职人员进行一定的职业操守的培训和考核，使这些公职人员能够处于一个可控的范围之内；三是从长远来讲，逐渐引导改变公职人员对利益和物质过分追求的不良价值观，为防止利益冲突提供良好的社会大环境。④

3. 对利益冲突的类型和表现形式的划分

有的学者和组织对利益冲突的具体表现形式进行了概括，如马

① ［美］马国泉．行政伦理：美国的理论与实践［M］．上海：复旦大学出版社，2006：143.

② Williams S. Conflict of Interest：The Ethical Dilemma in Politics［M］. Aldershot，Hants：Gower Press，1985：6.

③ Bauld，Stephen. Avoiding Consultants Conflict of Interest［J］. Daily Commercial News，2015：8813.

④ Hiroshi Mitsumoto. Conflict of Interest in American Neurology and Neurological Societies［J］. Neurol Clin Neurosci，2014：23.

国泉将利益冲突的表现形式概括为自我交易、施加影响、兼职、代表（政府官员或者公职人员在下班时间代表非官方的利益和官方打交道）、合同（政府官员和自己的政府签订合同）、泄密、后就业、收取礼物、演讲或写文章收费。①

经合组织概括了其成员国公职人员离职后就业的几种情形，主要包括：寻求未来就业，离职后就业游说，角色转换，滥用内部信息，重新雇用前公职人员。

4. 对利益冲突的危害及防止利益冲突制度的价值的评估

对利益冲突的危害，主要从腐败、对政府合法性的影响、公众的信任危机等方面进行研究和探讨。

关于腐败与利益冲突的关系，János Bertók 认为，利益冲突本身并不是腐败，但人们应认识到，公职人员的私人利益与公共职责之间的冲突，如果不能得到妥善处理的话，就会导致腐败。② 马国泉则将利益冲突列为腐败的罪魁祸首之一。③ Seumas Miller、Peter Roberts、Edward Spence 认为，腐败的一个重要根源在于利益冲突。④ Maris Pukis 认为，腐败是利益冲突的潜在后果。⑤ Barbara Kudrycka 认为，腐败是利益冲突的最后阶段。⑥

利益冲突对于政府合法性和公众信任也会产生不良影响，如 Gordon Boyce、Cindy Davids 都认为，利益冲突是公众对政府和公共机

① ［美］马国泉. 行政伦理：美国的理论与实践［M］. 上海：复旦大学出版社，2006：144-154.

② ADB/OECE. Controlling Corruption in Asian and the Pacific［R］. Manila，2005：86.

③ ［美］马国泉. 行政伦理：美国的理论与实践［M］. 上海：复旦大学出版社，2006：275.

④ Seumas Miller，Peter Roberts，Edward Spence. Corruption and Anti-Corruption：An Applied Philosophical Approach［M］. N. Y. Pearson Education Inc，2005：46.

⑤ Maris Pukis. The Progress of Regulation of Conflict of Interest in Local Government in Latvia［M］//Barbara Kudrycka. Combating Conflict of Interest in Local Governments in the CEE Countries. Budapest，2004：111.

⑥ Barbara Kudrycka. Problems and Prospects of Preventing Conflict of Interest in Local Government in the CEE Countries［M］//Barbara Kudrycka. Combating Conflict of Interest in Local Governments in the CEE Countries. Budapest，2004：8.

构信任度下降的一个关键因素。[①] 特里·L.库珀指出，如不能有效解决利益冲突问题，政府将失去民众信任。[②]

针对利益冲突的危害，主要从预防和治理腐败、提高公众信任度等方面进行研究和探讨。

如国际反腐败独立委员会（ICAC）认为，管理利益冲突减少公共组织腐败和不当行为的发生机会，能够更容易和有效地处理无根据的指控，公共组织通过对腐败和错误行为的处理，兑现其致力于良好治理的承诺。[③] 经合组织认为，防止利益冲突是反腐败机制的关键环节之一，[④] 防止利益冲突是预防和打击腐败的政策的一部分，是建立公共信任和保卫、促进民主的重要工具。[⑤] 该组织在《公共服务领域管理利益冲突指南：执行情况报告》中指出，在公共服务领域防止和管理利益冲突已被认为是保证良好公共治理和保持对公共决策信任的关键。[⑥] J. Jackson Walter 认为，防止利益冲突法不仅有利于实现公共政策目标，而且有利于提升政府的政治有效性。[⑦]

5. 对防止和处理利益冲突措施的评价

Amir Reza Amiri、Kavitha Kanesalingam、Suzie Cro 等（2014）认为公职利益冲突问题是一个十分难治理的问题，主要在于利益冲突的隐蔽性较强，不能够很好地被发现。同时利益冲突的治理需要从两

---

① Gordon Boyce, Cindy Davids. Conflict of Interest in Policing and the Public Sector, Ethics, Integrity and Social Accountability [J]. Public Management Review, 2009, 11 (5): 601.

② [美] 特里·L.库珀. 行政伦理学：实现行政责任的途径 [M]. 张秀琴，译. 北京：中国人民大学出版社，2001：106.

③ ICAC. Managing Conflict of Interest in the Public Sector [M]. Sydney, 2004: 7.

④ OECD. Assessment of Conflict-of-Interest Policies and Practices in the SPAI Countries [R]. Questionnaire (March 2005), Republic of Moldove, 2005: 4.

⑤ OECD. Conflict-of-Interest Policies and Practices in Nine EU Member States: A Comparative Review [R]. Public Governance and Territorial Development Directorate, GOV/SIGMA (2006) 1/REV1, SIGMA PAPER NO. 36, 2007: 6.

⑥ OECD. OECD Guidelines for Managing Conflict of Interest in the Public Service [R]. Report on Implementation, 2007: 4.

⑦ J. Jackson Walter. The Ethics in Government Act, Conflict of Interest Laws and President Recruiting [J]. Public Administration Review, 1981 (6): 659.

个方面进行制约，即制约方式为正式制约和非正式制约的联合模式，这样二者可以相互补充，各为己用，在实际操作中也更加具有实用性。①

在宏观层面，主要是加强监督、教育和制度建设。如马国泉总结了美国的实践经验，提出三个方面的措施：一是“一大一小”，即加大道德立法的力度，减小人情的干扰；二是“多管齐下，各自独立”，即对政府进行内部监督和外部监督，无论内部监督还是外部监督都应是多元的；三是“坚持两化”，即坚持道德管理的常规化、制度化。② Herman Finer 认为，解决公职人员的利益冲突问题应从外部控制入手，加强行政责任的权威控制和制度建设。③

针对微观层面的利益冲突的防止和处理，经合组织归纳出以下措施：本职外工作限制，个人收入公开，家庭收入公开，个人资产公开，家庭资产公开，接受礼品公开，接触内部信息的安全与控制，与合同管理有关的私人利益的公开，与决策或投票有关的私人利益的公开，与参与准备或给予政策建议有关的私人利益公开，向公众披露公开的利益、收入和资产，离职后商业活动或参与非政府组织活动的限制与控制，对接受礼品和其他好处的限制和控制，在外部同时担任不同职务的限制和控制，回避和常规性退出，对个人和家庭拥有私人公司财产权的限制，通过出售或信托或保密管理协议进行资产处理，等等。④

有学者从对财产申报制度的分析入手，如：F. F. Ridley 研究了

---

① Amir Reza Amiri, Kavitha Kanesalingam, Suzie Cro, et al. Casey. Does Source of Funding and Conflict of Interest Influence the Outcome and Quality of Spinal Research? [J]. The Spine Journal, 2013.

② [美] 马国泉. 行政伦理：美国的理论与实践 [M]. 上海：复旦大学出版社，2006：275-276.

③ Herman Finer. Administration responsibility in Democratic Government [J]. Public Administration Review, 1941 (3): 35-38.

④ OECD. Conflict-of-Interest Policies and Practices in Nine EU Member States: A Comparative Review [R]. Public Governance and Territorial Development Directorate, GOV/SIGMA (2006) 1/REV1, SIGMA PAPER NO. 36, 2007: 11-15.

公职人员在使用权力时的个人利益和公共利益的冲突问题，并对兼职、收受礼物等方面都进行了描述和分析，从而得出建立法律法规来约束公职人员行为的必要性，他认为应设立道德性的法律来规范公职人员的行为，减少利益冲突的发生。[①] Morten Egeberg 在《作为公共政策制定者的官僚和他们的自身利益》（1995）一文中认为，作为公共政策制定者的官员肯定有其自身利益诉求，比如作为一个投票者或联邦公民的利益要求等。而且确定无疑的是他们一旦当上公共政策制定者，这种自身的利益诉求也会体现在公共政策制定的过程中。他以此作为切入点对影响公职人员私人利益的常量和变量进行了深入的理论分析。[②] F. Neil Brady、David W. Hart 指出，防止利益冲突原则是财产申报制度建立的重要原则，并强调道德冲突有更丰富的意义。他们探讨了道德冲突的本质、冲突的张力和平衡，指出冲突的来源主要是与责任、理想、个人目标、人们的普遍关心、普世价值等方面有关。他们认为这些道德冲突一方面是不好的，会带来冲突和困难；但另一方面它们也是有价值的，是人们进行行政管理和制定政策的依据。他们在阐释了十五种冲突类型后指出冲突的存在是正确进行行政管理和制定各种政策的基础。[③] Thomas F. Babor、Peter G. Miller 认为，财产申报制度存在的问题，导致制度规范内容、执行力、规范效果不尽如人意。其中的原因就在于执行者自身的抵触引发制度配套设施难以健全和运行难以推进，而问题的根源还是在于制度之间的矛盾，主权与治理权的矛盾、知情权与隐私权的矛盾、制度设想与执行的矛盾。因此，一方面，一定要加强公职人员的自身教育，解决观念认识问题；另一方面，要加强制度建设和制定相应的法

① F. F. Ridley. Regulating the Private Interests of Public Officials [J]. Public Policy and Administration, 1992: 61.

② Morten Egeberg. Bureaucrats as Public Policy-Makers and Their Self-Interests [J]. Journal of Theoretical Politics, 1995: 157-167.

③ F. Neil Brady, David W. Hart. An Aesthetic Theory of Conflict in Administrative Ethics, 2006 [EB/OL]. http://aas.sagepub.com/content/38/1/113.

律法规，让公职人员不敢以身试法。① A. M. Clark、A. Choby、K. Ainsworth 等对公职人员利益冲突报告制度提出了自己的看法：公职人员利益冲突报告制度具有合理性，但公职人员利益冲突报告制度的建设，仍然不能够跟上时代的步伐，还有很多方面不是很完善，需要进一步的加强和改进。他们提出了一种复合型的理论框架，以此来防止利益冲突，以利益冲突相关制度为外在工具，以内在理论为强化因素，从内外两个方面对利益冲突进行合理规避，最终完善利益冲突报告制度，使之发挥合理的作用和价值。② Rousiley C. M. Maia、Ana Carolina Vimieiro 认为，公开公职人员的财产在利益冲突的防止过程中起到了主要的作用，利益冲突的防止是提高政府反对腐败能力的重要利器之一。利益冲突普遍存在于政府工作部门，但是防止利益冲突配套措施的不完善始终影响着防止利益冲突这一进程的继续发展，使政府的公信力降低，使社会的不稳定因素增多。既得利益者的抵制、法规的不健全、责任体系的不明确是阻碍公职人员财产公开的主要因素，应当予以合理的规避，只有解决了上述问题，公职人员财产公开的制度体系才会得以加强和完善。③

6. 比较研究和制度运行的实证分析

经合组织对成员国提供的公共伦理和防治腐败方面的数据和情况进行了分析研究；④ 通过回顾成员国防止利益冲突的政策和实践，提出了完善防止利益冲突制度的建议；基于成员国的经验，制定了管理利益冲突的指南；通过比较研究概述了成员国间防止利益冲突的发展趋势、措施和模式，还通过案例研究，为政策完善、立法和制度

① Thomas F. Babor, Peter G. Miller. Mc Carthyism, Conflict of Interest and Addiction's New Transparency Declaration Procedures [J]. Addiction, 2014: 1093.

② A. M. Clark, A. Choby, K. Ainsworth, et al. Addressing Conflict of Interest in Non-pharmacological Research [J]. Int J Clin Pract, 2015: 693.

③ Rousiley C. M. Maia, Ana Carolina Vimieiro. Recognition and Moral Progress: a Case Study about Discourses on Disability in the Media [J]. Polit Stud, 2015: 631.

④ OECD. Trust in Government, Ethics Measures in OECD Countries [M]. Paris: OECD PUBLICATIONS, 2000.

框架的确定以及制度的执行等方面提供了更详细的对策;[①] 对反腐败稳定公约倡议组织（SPAI）成员国的防止利益冲突政策和实践进行了评估;[②] 对于成员国禁止和限制离职后就业、执行避免离职后就业方面的利益冲突制度进行了比较分析;[③] 对 9 个欧洲国家管理利益冲突的措施进行了数据分析和综合分析，对规制利益冲突的政策和方式改革提出了值得考虑的建议;[④] 对成员国公职人员离职后就业方面的制度进行了综合分析，为完善在防止和管理离职后就业方面的利益冲突规则、政策和实践提供了普遍认同的经验和切实的指导。[⑤]

还有一些学者也开展了这方面的研究。如 Howard Whitton 在总结澳大利亚、新西兰、加拿大等国政府治理和行为伦理建设经验的基础上，提出了一系列实用的机制以设立对于官员和公职人员良好治理和行为伦理的高标准，并对其予以制度化。[⑥] Jolanta Palidauskaite 分析了中欧和东欧国家公共部门伦理和行为规则，研究了这个领域的发展趋势。[⑦] Bruno Wilhelm Speck 对拉美国家立法部门适用防止利益冲突制度的情况进行了研究，提出了可行的措施。[⑧]

① OECD. Managing Conflict of Interest in the Public Service: OECD Guidelines and Overview [M]. Paris: OECD PUBLICATIONS, 2003.

② Republic of Moldova. Assessment of Conflict-of-Interest Policies and Practices in the SPAI countries. Questionnaire, March 2005.

③ OECD. Avoiding Conflict of Interest in Post-Public Employment: Comparative Overview of Prohibitions, Restrictions and Implementing Measures in OECD Countries [C] //Expert Meeting on Managing Conflict of Interest in the Public Service. Paris, 2006.

④ OECD. Conflict-of-Interest Policies and Practices in Nine EU Member States: A Comparative Review [R]. Public Governance and Territorial Development Directorate, GOV/SIGMA (2006) 1/REV1, SIGMA PAPER NO. 36, 2007.

⑤ OECD. Post-Public Employment, Good Practices for Preventing Conflict of Interest [M]. Paris: OECD PUBLICATIONS, 2010.

⑥ Howard Whitton. Implementing Effective Ethics Standards in Government and the Civil Service [J]. Transparency International, 2001.

⑦ Jolanta Palidauskaite. Code of Conduct for Public Servants in Eastern and Central European Countries: Comparative Perspective [M] //the EGPA Annual Conference. Oeiras, 2003.

⑧ Bruno Wilhelm Speck. Conflict of Interest: Concepts, Rules and Practices Regarding Legislators in Latin America [M] //Colóquio Internacional: Controlo da corrupção política e qualidade da democracia: Uma perspectiva comparative Europa-América Latina. Lisboa, 2004.

Barbara Kudrycka、Polina Roussinova、Maris Pukis 等分析了 6 个欧洲国家对利益冲突的规制，对过去十年这些国家规制利益冲突的立法和行政规范框架进行了全面概述。① George Larbi 则对 3 个非洲国家的资产和利益披露情况进行了研究，为使披露制度更加有效运转以遏制腐败提出了好的建议。② C. Demmke、M. Bovens、T. Henökl 等比较和分析了有关欧盟成员国和欧盟机构在防止利益冲突制度下，目前的公职人员行为规则和标准。③ Richard Messick 分析一些银行集团在收入和资产公开方面的经验和研究成果后指出，政策制定者在决定是否通过财产披露法律时，应当权衡各种情况，如果通过，还要考虑法律需要包含哪些内容。④ Fazela Mahomed、Ile Isoma Uregu 探讨了在南非支撑道德引导的理论和立法框架，对行为规则及其对公共

① Barbara Kudrycka. Problems and Prospects of Preventing Conflict of Interest in Local Government in the CEE Countries [M] //Barbara Kudrycka. Combating Conflict of Interest in Local Governments in the CEE Countries. Budapest, 2004: 1 - 48; Polina Roussinova. The Bulgarian Experience with Building a Framework for the Prevention of Conflict of Interest Situations in Local Governments [M] //Barbara Kudrycka. Combating Conflict of Interest in Local Governments in the CEE Countries. Budapest, 2004: 49 - 106; Maris Pukis. The Progress of Regulation of Conflict of Interest in Local Government in Latvia [M] //Barbara Kudrycka. Combating Conflict of Interest in Local Governments in the CEE Countries. Budapest, 2004: 107 - 144; Patrycja Joanna Suwaj. Difficulties with Implementation of Conflict of Interest Regulation in Polish Local Government [M] // Barbara Kudrycka. Combating Conflict of Interest in Local Governments in the CEE Countries. Budapest, 2004: 145-196; Adrian Moraru, Adrian Baboi-Stroe, Adrian Bădilă, Corneliu Liviu Popescu. New Ways of Managing Conflict of Interest Problems in Romania [M] //Barbara Kudrycka. Combating Conflict of Interest in Local Governments in the CEE Countries. Budapest, 2004: 196-246; Alexander A. Kuznetsov, Andrei Shanin, German Vetrov. Conflict of Interest in Russian Local Government: Challenges for New Legislation [M] //Barbara Kudrycka. Combating Conflict of Interest in Local Governments in the CEE Countries. Budapest, 2004: 247-284; Jaroslav Pilat. Waiting for a Conflict of Interest—Constitutional Law in Slovakia [M] //Barbara Kudrycka. Combating Conflict of Interest in Local Governments in the CEE Countries. Budapest, 2004: 285-326.

② George Larbi. Between Spin and Reality: Disclosure of Assets and Interests by Public Officials in Developing Countries [C] //Conference on: Redesigning the State Political Corruption in Development Policy and Practice. Manchester, 2005.

③ C. Demmke, M. Bovens, T. Henökl, et al. Regulating Conflicts of Interest for Holders of Public Office in the European Union: A Comparative Study of the Rules and Standards of Professional Ethics for the Holders of Public Office in the EU-27 and EU Institutions [J]. Maastricht, 2008.

④ Richard Messick. Income and Assets Declarations: Issues to Consider in Developing a Disclosure Regime [C] //Conference on Evidence-Based Anti-Corruption Policy. Bangkok, 2009.

领域高级管理人员的行为伦理的影响进行了思考。① Ane Margrete Tommeras 对利益冲突的规制与政府合法性之间的关系进行了定量研究，得出的结论是：对利益冲突的规制对政府合法性没有影响。② Nino Puustinen 通过对欧盟和经合组织成员国法律文献的分析，聚焦公共领域防止利益冲突的问题，认为可行的防止利益冲突政策需要强大坚实的伦理基础作支撑。③

总的来说，国外学者对利益冲突及其防止政策的研究比较系统、深入和规范。

（二）国内研究现状与述评

国内防止利益冲突及立法的研究虽然起步晚，但在 21 世纪前十年出现井喷式的研究态势，近十余年学界的研究归于理性，不少深层次、高水平的论文、著作、调研报告开始出现。

2022 年 4 月，笔者在知网以“利益冲突”为主题，搜索到 116830 项结果，其中，图书 1031 部，期刊论文 44545 篇，报纸文章 2188 篇，学位论文 40838 篇，会议论文 2127 篇，报告 11804 篇，法律法规 424 部，案例 1130 个，信息资讯 9850 个，特色库 183 个。

以“公职人员”为主题，搜索到 53353 项结果，其中，图书 439 部，期刊论文 12166 篇，报纸文章 24173 篇，学位论文 2564 篇，会议论文 183 篇，报告 1635 篇，法律法规 1247 部，案例 277 个，信息资讯 248 个，特色库 14 个。

---

① Fazela Mahomed，Ile Isoma Uregu. An Exploratory Study on Public Service Compliance to the Code of Conduct and Related Issues on Conflict of Interest in South Africa，A Leadership Perspective [J]. Journal of Leadership and Management Studies，2014，1（1）：17-29.

② Ane Margrete Tommeras. Regulations on Conflict of Interest for Higher Civil Servants and Public Officials [D]. Lund University，Department of Political Science，2015.

③ Nino Puustinen. The Problem of Conflict of Interest in European Governance [D]. The University of Helsinki，Department of the Social Sciences Political Science，Study Line for Administration and Organisations，Master's Degree Research Work，2015.

以“利益冲突立法”为主题，搜索到2135项结果，其中，图书3部，期刊论文144篇，报纸文章5篇，学位论文1295篇，会议论文7篇，报告377篇，法律法规25部，案例19个，信息资讯248个，特色库5个。

但仔细查阅结果后发现，与“防止利益冲突立法”相关的著作仅1部（聂资鲁等《域外防止公职人员利益冲突理论与实践研究》）；论文仅39篇（2007—2017年），其中学位论文19篇（2014—2017年），会议论文1篇（庄德水《中国公职人员利益冲突政策的现状及发展对策》）。

百度学术、谷歌学术中所展示的学界在本专题的研究情况大体相当。

笔者根据有限的研究文献与研究视野，试对国内学界相关的研究动态做一粗线条的勾勒。

我国对公职人员利益冲突问题的研究起步于20世纪90年代，尽管起步较晚，但通过学界和实务界的积极研究，已经取得了一定的成果，如任建明、过勇、庄德水、聂资鲁等学者进行了较深入的研究，这些研究成果对于推动防止利益冲突制度的构建，加强廉政制度建设，推进依法治国，有着重要的理论价值和实践指导意义。

1. 已取得的成果——学术论文

研究公职人员利益冲突问题的学术论文较多，其研究方向可以概括为以下几个方面。

（1）以公共部门和公职人员为对象的防止利益冲突研究。

①对利益冲突的概念的认识及其核心内容的把握。

目前，关于利益冲突的概念和含义主要有四种观点。[①] 第一种观点从私人利益与公共利益冲突的视角出发，认为利益冲突是公职人

① 参见：卢小君. 公共资源交易领域利益冲突研究综述［J］. 学理论，2017（8）：76-77，86；王天笑，吴春华. 当前我国公职人员利益冲突制度研究述评［J］. 云南行政学院学报，2010，12（5）：37-41.

员的私人利益与其所代表的公共利益的冲突。① 第二种观点从个人利益与公共责任及义务的冲突视角出发，认为利益冲突是公职人员私人利益与由其公共职位所产生的公共责任及义务的冲突。② 第三种观点从公职人员的角色伦理视角出发，认为公职人员具有多种角色，公职人员常常要在相互冲突的角色之间进行转换和选择，公职人员利益冲突是公职人员在相互冲突的角色伦理、道德规范之间进行选择的情境和结果。③ 第四种观点扩大了与公共利益或公共责任及义务相冲突的利益的范围，认为与公共利益或公共责任及义务相冲突的利益不仅包括私人（个人）利益，也包括集团利益、部门利益。无论

① 参见：陈梅. 马克思主义利益论视阈下腐败犯罪的生成原因与预防［J］. 云南社会科学，2018（2）：93-101；张杰，许道敏. 防止利益冲突：预防腐败的有效制度［J］. 中国监察，2010（7）：39；林兴. 利益冲突制度的探讨［J］. 广西社会科学，2005（9）：23；楚文凯. 关于借鉴国外防止利益冲突做法的思考［J］. 中国监察，2006（14）：52；肖茂盛. 论公务员的责任冲突及行政伦理决策［J］. 中国行政管理，2006（5）：42；程文浩. 中国治理和防止公职人员利益冲突的实践［J］. 广州大学学报（社会科学版），2006，5（10）：15；郭兴全，胡映雪. 利益冲突视野下的廉政风险防控管理［J］. 西北农林科技大学学报（社会科学版），2013，13（4）：156；俞上标. 浅析防止利益冲突制度下我国的反腐败问题［J］. 改革与开放，2013（2）：26；唐晓清，杨绍华. 防止利益冲突制度：国际社会廉政建设的经验及启示［J］. 当代世界与社会主义，2011（2）：135；朱前星，王国林，陈果. 国外防止利益冲突的制度设计及其启示［J］. 领导科学，2011（6）：8；敬志伟. 反腐倡廉与防止利益冲突的制度建设［J］. 中共珠海市委党校、珠海市行政学院学报，2013（2）：27；张孟英，潘虹，孟令军. 利益冲突视角下的廉政文化建设［J］. 成都理工大学学报（社会科学版），2013，21（1）：52；蔡宝刚. 经由政府道德法反腐败的法理求解［J］. 政法论坛，2011，29（4）：150；龙太江，博岚岚. 公务员辞职后的利益冲突问题［J］. 探索与争鸣，2007（6）：38；王琳瑜，杜治洲. 我国防止公职人员利益冲突制度的变迁及完善［J］. 广州大学学报（社会科学版），2011，10（3）：12.

② 参见：蒋博. 全面深化改革背景下的利益冲突治理探析［J］. 沈阳工程学院学报（社会科学版），2016（3）：342-346；胡琴. 论政府利益及其冲突治理［J］. 行政与法，2002（10）：17；程铁军，江涌. 建立健全防止利益冲突制度［J］. 瞭望，2010（10）：89；卢少求. 试析行政组织中的伦理责任及其规避［J］. 毛泽东邓小平理论研究，2004（11）：32；孙民. 利益冲突发生的根源探析及相关建议［C］//本书编委会. 反腐败：防止利益冲突的理论与实践——反腐败：防止利益冲突的理论与实践专题研讨会暨第四届西湖·廉政论坛文集. 北京：中国方正出版社，2012：76-77.

③ 参见：肖泳冰. 公职人员利益冲突治理的中国路径探讨：兼论《中国共产党廉洁自律准则》和《中国共产党纪律处分条例》的利益冲突治理策略［J］. 探索，2016（2）：81-85；邹东升，冯清华. 公共行政的伦理冲突场景与消解途径［J］. 理论探讨，2007（4）：159-160；庄德水. 中国公职人员利益冲突政策的现状及发展对策［C］//“中国特色社会主义行政管理体制”研讨会暨中国行政管理学会第20届年会论文集，2010.

从哪个角度对利益冲突进行概念界定和分类，最终都可以落脚为公职人员私人利益或集团利益、部门利益对公共利益的干扰、侵害或违背。①

②对利益冲突理论基础的阐述。

防止利益冲突作为廉政建设和反腐败工作的基础性制度，主要涉及政治学、社会学、行政伦理学和法学等学科，防止利益冲突制度的建构也建立在不同学科的理论基础上。对于利益冲突和防止利益冲突的理论基础，目前的观点主要从三个方面进行论述。一是“人性恶”和“理性经济人”假定，这也是利益冲突和防止利益冲突主要的理论基础。② 二是“自然公正原则”和“正当法律程序原则”。③ 三是寻租理论。④

③关于利益冲突的分类。

公职人员利益冲突的表现类型形形色色、多种多样，让人眼花缭

① 参见：蔡昌淼. 关于防止部门利益与公共利益冲突问题的研究［J］. 黑龙江教育学院学报，2013，32（5）：183；杨绍华. 健全防止利益冲突制度的理论分析与实践路径［J］. 湖南社会科学，2011（6）：2；庄德水. 部门行政利益冲突的阶段性特征［J］. 廉政文化研究，2010（4）：20；李喆. 防止利益冲突：价值意蕴、制度创新和文化路径［M］//本书编委会. 反腐败：防止利益冲突的理论与实践——反腐败：防止利益冲突的理论与实践专题研讨会暨第四届西湖·廉政论坛文集. 北京：中国方正出版社，2012：121；马存新. 关于防止部门利益与公共利益冲突问题的研究［C］//本书编委会. 反腐败：防止利益冲突的理论与实践——反腐败：防止利益冲突的理论与实践专题研讨会暨第四届西湖·廉政论坛文集. 北京：中国方正出版社，2012：219.

② 参见：林兴. 利益冲突制度的探讨［J］. 广西社会科学，2005（9）：23-24；杨芳勇. 试论“防止利益冲突”与反腐倡廉［J］. 中共南昌市委党校学报，2009，7（5）：32；周琪. 从解决“利益冲突”着手反腐败［J］. 中国新闻周刊，2006（20）：84；唐晓清，杨绍华. 防止利益冲突制度：国际社会廉政建设的经验及启示［J］. 当代世界与社会主义，2011（2）：135；闫德民. 论利益冲突及其预防制度体系构建［J］. 学习论坛，2011，27（5）：49；赵煜. 我国公职人员利益冲突规避制度研究［D］. 杭州：浙江财经学院财政与公共管理学院，2011：8-11；聂资鲁. 防止公职人员利益冲突立法的理论与实践［J］. 中国法学，2013（6）：155.

③ 参见：苏庆原，钟穗青. 关于行政回避制度的法律思考［J］. 云南大学学报（法学版），2009，22（1）：39-40；谢皇萱. 行政回避制度法律研究［D］. 重庆：西南财经大学法学院，2010：4.

④ 参见：聂资鲁. 防止公职人员利益冲突立法的理论与实践［J］. 中国法学，2013（6）：156；赵煜. 我国公职人员利益冲突规避制度研究［D］. 杭州：浙江财经学院财政与公共管理学院，2011：8.

乱。要有效防止利益冲突，就需要对千变万化的利益冲突的表现形式进行归类和总结，探寻利益冲突的类型特征，这也是建构防止利益冲突制度的基础条件之一。学者们根据利益获取的方式、公共权力的运行内容，对各种利益冲突的特征进行概括和提炼，概括缤纷现象背后的共同特征，对利益冲突进行科学分类，并对一些公共领域的利益冲突行为的具体表现形式进行概括。这对于进一步研究利益冲突、建构防止利益冲突制度有着重要的价值。相关研究主要将利益冲突分为四种类型，① 第一种是交易型利益冲突，第二种是影响型利益冲突，第三种是“旋转”型利益冲突或复合型利益冲突，第四种是集体型利益冲突或集团型利益冲突。有的观点将利益冲突分为直接利益冲突、间接利益冲突、部门利益与公共利益的冲突。② 有的学者对利益冲突行为的具体表现形式进行概括，③ 将其归纳为以下八种情形：贿赂、权力兜售、信息兜售、财政交易、馈赠与消遣、组织外就业、未来就业、处理亲戚问题。④

---

① 参见：程铁军，江涌．建立健全防止利益冲突制度［J］．瞭望，2010（10）：89-90；庄德水．利益冲突：一个廉政问题的分析框架［J］．上海行政学院学报，2010，11（5）：98-100；闫德民．论利益冲突及其预防制度体系构建［J］．学习论坛，2011，27（5）：48-49；敬志伟．反腐倡廉与防止利益冲突的制度建设［J］．中共珠海市委党校、珠海市行政学院学报，2013（2）：28-29；王治国，李雪慧．防止利益冲突与惩治和预防腐败体系的完善［C］//本书编委会．反腐败：防止利益冲突的理论与实践——反腐败：防止利益冲突的理论与实践专题研讨会暨第四届西湖·廉政论坛文集．北京：中国方正出版社，2012：25-26；蔡宝刚．“旋转门”调控与法治化反腐［J］．法学，2010（1）：67；龙太江，博岚岚．公务员辞职后的利益冲突问题［J］．探索与争鸣，2007（6）：38；蔡昌森．关于防止部门利益与公共利益冲突问题的研究［J］．黑龙江教育学院学报，2013，32（5）：183.

② 参见：广东省深圳市纪委预防研究室．对当前防止利益冲突几个问题的探讨［C］//本书编委会．反腐败：防止利益冲突的理论与实践——反腐败：防止利益冲突的理论与实践专题研讨会暨第四届西湖·廉政论坛文集．北京：中国方正出版社，2012：71-72.

③ 参见：卢少求．试析行政组织中的伦理责任及其规避［J］．毛泽东邓小平理论研究，2004（11）：32；肖茂盛．论公务员的责任冲突及行政伦理决策［J］．中国行政管理，2006（5）：42-44；谭本仲．关于完善防止利益冲突机制的思考［C］//本书编委会．反腐败：防止利益冲突的理论与实践——反腐败：防止利益冲突的理论与实践专题研讨会暨第四届西湖·廉政论坛文集．北京：中国方正出版社，2012：424-425.

④ 卢少求．试析行政组织中的伦理责任及其规避［J］．毛泽东邓小平理论研究，2004（11）：32.

④对利益冲突的危害性的认识。

从宏观上看，利益冲突对社会、经济、政治、公民合法权利等各方面均可造成危害。研究利益冲突的危害是构建防止利益冲突制度的前提，也是构建防止利益冲突制度的价值基础。对利益冲突的危害，目前主要从四个层面（政治、经济、社会、公民权利），以及三方面（腐败、合法性危机、公众的信任危机），进行研究和探讨。[①]

⑤关于防止利益冲突制度价值功能的探讨。

针对利益冲突的危害，学者们主要从预防和治理腐败、廉政建

① 参见：张辉，孟绮昌．“利益冲突”与我国廉政建设实践探析［J］．西北工业大学学报（社会科学版），2010，30（2）：6；李建华．法治社会中的伦理秩序［M］．北京：中国社会科学出版社，2004：277；罗昌平，秦天宁．防止利益冲突廉政立法探［J］．法治论丛，2011，26（1）：2；程文浩．中国治理和防止公职人员利益冲突的实践［J］．广州大学学报（社会科学版），2006，5（10）：15；马华．从学理到路径：防止利益冲突机制构建［J］．行政论坛，2013（5）：68；庄德水．利益冲突视角下的腐败与反腐败［J］．广东行政学院学报，2009，21（6）：22；庄德水．公共权力腐败的利益冲突根源［J］．中共中央党校学报，2011，15（4）：27；肖茂盛．论公务员的责任冲突及行政伦理决策［J］．中国行政管理，2006（5）：43-44；庄德水．利益冲突研究：理论路径、政策视界与廉政分析［J］．学习与实践，2010（1）：76-77；唐晓清，杨绍华．防止利益冲突制度：国际社会廉政建设的经验及启示［J］．当代世界与社会主义，2011（2）：137；广东省广州市纪委、监察局．反腐倡廉视野中的利益冲突分析［C］//本书编委会．反腐败：防止利益冲突的理论与实践——反腐败：防止利益冲突的理论与实践专题研讨会暨第四届西湖·廉政论坛文集．北京：中国方正出版社，2012：176-177；湖北省武汉市纪委、监察局．关于加强防止利益冲突制度建设的思考［C］//本书编委会．反腐败：防止利益冲突的理论与实践——反腐败：防止利益冲突的理论与实践专题研讨会暨第四届西湖·廉政论坛文集．北京：中国方正出版社，2012：470-471；王远鹤．对转变经济发展方式过程中防止利益冲突若干问题的思考［C］//本书编委会．反腐败：防止利益冲突的理论与实践——反腐败：防止利益冲突的理论与实践专题研讨会暨第四届西湖·廉政论坛文集．北京：中国方正出版社，2012：149-150；施奕．反腐败视野下利益冲突的防范与回避［C］//本书编委会．反腐败：防止利益冲突的理论与实践——反腐败：防止利益冲突的理论与实践专题研讨会暨第四届西湖·廉政论坛文集．北京：中国方正出版社，2012：446.

设、提升公众信任度三个方面进行研究和探讨。①

⑥关于避免和处理利益冲突的研究。

防止利益冲突既包括避免利益冲突的发生，又包括利益冲突产生后对违法行为或违法利益的处理。从宏观层面而言，防止利益冲突的措施主要有：完善防止利益冲突立法，完善廉政风险防控管理机制，完善权力监督制约机制，加强廉政教育，营造廉洁从政的文化氛围，加强廉政文化建设，加快体制改革，等等。从微观层面而言，主要是针对利益冲突产生的方式和具体情形采取有针对性的具体制度措施。针对从微观层面对利益冲突的防止和处理，学者们借鉴国外的成功经验，归纳出财产（利益）申报和公开、回避、资产处理、行

① 参见：陈洪连，李慧玲. 防止利益冲突制度建设的价值意蕴与实现路径［J］. 北京航空航天大学学报（社会科学版），2017（1）：15-21；顾阳，唐晓清. 防止利益冲突制度：理论内涵、制度功能和实践途径［J］. 探索，2011（2）：145-146；庄德水. 防止利益冲突视角下的廉政风险防控机制创新研究［C］//本书编委会. 反腐败：防止利益冲突的理论与实践——反腐败：防止利益冲突的理论与实践专题研讨会暨第四届西湖·廉政论坛文集. 北京：中国方正出版社，2012：85-87；张辉，孟绮昌. "利益冲突"与我国廉政建设实践探析［J］. 西北工业大学学报（社会科学版），2010，30（2）：6；唐晓清，杨绍华. 防止利益冲突制度：国际社会廉政建设的经验及启示［J］. 当代世界与社会主义，2011（2）：136；罗昌平，秦天宁. 防止利益冲突廉政立法探［J］. 法治论丛，2011，26（1）：2-3；李喆. 防止利益冲突：价值意蕴、制度创新和文化路径［C］//本书编委会. 反腐败：防止利益冲突的理论与实践——反腐败：防止利益冲突的理论与实践专题研讨会暨第四届西湖·廉政论坛文集. 北京：中国方正出版社，2012：121-123；敬志伟. 反腐倡廉与防止利益冲突的制度建设［J］. 中共珠海市委党校、珠海市行政学院学报，2013（2）：28.

为限制、从业限制等方面的措施，并提出了相关的完善建议。① 防止利益冲突的措施是制定防止利益冲突制度的核心内容之一，学者们的研究无疑为我国防止利益冲突制度的构建打下了良好的基础。

⑦对我国公职人员利益冲突制度问题的探讨。

对公职人员利益冲突制度的研究，具有明显的实践指导性。科学构建我国防止利益冲突制度的前提是考量并明晰我国利益冲突制度存在的问题及其原因，学者们从制度理念、制度内容、制度体系、制

① 参见：张存达，蔡小慎. 基于制度协同的利益冲突治理路径分析［J］. 学习与实践，2017（5）：63-71；孔祥仁. 防止“利益冲突”在国外反腐败工作中的应用［J］. 四川监察，2001（6）：40-41，1；楚文凯. 借鉴国外防止公共利益与私人利益冲突的做法［J］. 刊授党校，2009（6）：55；吴柯. 一些国家防止利益冲突的主要做法及其对我国的启示［J］. 商业经济，2010（4）：94；杨芳勇. 试论“防止利益冲突”与反腐倡廉［J］. 中共南昌市委党校学报，2009，7（5）：33；程铁军，江涌. 建立健全防止利益冲突制度［J］. 瞭望，2010（10）：92-93；马华. 从学理到路径：防止利益冲突机制构建［J］. 行政论坛，2013（5）：69；朱前星，王国林，陈果. 国外防止利益冲突的制度设计及其启示［J］. 领导科学，2011（6）：9；庄德水. 防止利益冲突视角下的廉政风险防控机制创新研究［J］. 中共天津市委党校学报，2013（2）：60；林兴. 利益冲突制度的探讨［J］. 广西社会科学，2005（9）：24-25；杨绍华. 健全防止利益冲突制度的理论分析与实践路径［J］. 湖南社会科学，2011（6）：3-4；赵秉志，赫兴旺. 论中国公职人员财产申报制度及其完善［J］. 政法论坛，1995（5）：22-23；吴玉英. 关于我国建立公职人员财产申报制度的思考［J］. 江苏省社会主义学院学报，2007（2）：44-45；黎慈. 美国公务员财产申报制度及其启示［J］. 云南行政学院学报，2009（5）：141-142；李宜霖. 浅议我国行政回避制度的完善［J］. 商丘师范学院学报，2011，27（8）：84-85；李丹阳，任建明. 公务员回避制度执行力困局及解决对策［J］. 人民论坛，2012（4）：13；司家军. 浅议建立和完善利益冲突回避机制［C］//本书编委会. 反腐败：防止利益冲突的理论与实践——反腐败：防止利益冲突的理论与实践专题研讨会暨第四届西湖·廉政论坛文集. 北京：中国方正出版社，2012：278-279；龙太江，博岚岚. 公务员辞职后的利益冲突问题［J］. 探索与争鸣，2007（6）：39-40；蔡宝刚. “旋转门”调控与法治化反腐［J］. 法学，2010（1）：76；闫德民，刘兆鑫. 论“期权腐败”及其治理［M］. 北京：人民出版社，2012：272；张杰，许道敏. 防止利益冲突：预防腐败的有效制度［J］. 中国监察，2010（7）：40；重庆市高级人民法院纪检组监察室. 人民法院司法权中利益冲突的成因及治理对策［C］//本书编委会. 反腐败：防止利益冲突的理论与实践——反腐败：防止利益冲突的理论与实践专题研讨会暨第四届西湖·廉政论坛文集. 北京：中国方正出版社，2012：228-229.

度执行等不同角度提出了当前存在的主要问题。①

⑧关于构建与完善我国防止利益冲突制度的建议。

利益冲突产生的关键是制度的不健全，制度问题最终必须靠制度来解决。因而对利益冲突问题的研究，最终必须落实到如何建立和完善防止公职人员利益冲突制度的问题上来。只有把防止利益冲突作为一项整体制度进行体系设计，才能充分发挥其预防腐败的整体功效。学者们根据其对利益冲突制度存在问题的分析，从不同的角度提出了构建和完善我国防止利益冲突制度的对策和措施。这些对策和措施主要是从构建与完善我国防止利益冲突制度的理念、指导思想和原则、基本内容、基本体系，以及强化与推进我国防止利益冲突

① 参见：卢小君，张宁. 政府采购领域利益冲突防范的制度体系建设［J］. 大连海事大学学报（社会科学版），2017（1）：24-28；林兴. 利益冲突制度的探讨［J］. 广西社会科学，2005（9）：23；楚文凯. 关于借鉴国外防止利益冲突做法的思考［J］. 中国监察，2006（14）：53；孙民. 利益冲突发生的根源探析及相关建议［C］//本书编委会. 反腐败：防止利益冲突的理论与实践——反腐败：防止利益冲突的理论与实践专题研讨会暨第四届西湖·廉政论坛文集. 北京：中国方正出版社，2012：78-80；王延中，蒋来用. 加强防止利益冲突制度建设的思路与对策［C］//本书编委会. 反腐败：防止利益冲突的理论与实践——反腐败：防止利益冲突的理论与实践专题研讨会暨第四届西湖·廉政论坛文集. 北京：中国方正出版社，2012：533-534；施明洲. 关于防止利益冲突制度建设的思考［J］. 浙江国土资源，2013（7）：23；陈善光. 美国防止利益冲突制度的特点与启示［J］. 中共福建省委党校学报，2013（1）：96；杜治洲. 我国防止利益冲突制度的顶层设计［C］//本书编委会. 反腐败：防止利益冲突的理论与实践——反腐败：防止利益冲突的理论与实践专题研讨会暨第四届西湖·廉政论坛文集. 北京：中国方正出版社，2012：297-298；湖北省武汉市纪委、监察局. 关于加强防止利益冲突制度建设的思考［C］//本书编委会. 反腐败：防止利益冲突的理论与实践——反腐败：防止利益冲突的理论与实践专题研讨会暨第四届西湖·廉政论坛文集. 北京：中国方正出版社，2012：471-472；洪春. 公职人员利益冲突规避制度研究［D］. 重庆：西南政法大学，2007：30-41；赵煜. 我国公职人员利益冲突规避制度研究［D］. 杭州：浙江财经学院财政与公共管理学院，2011：22.

制度的执行等方面提出的。[①]

⑨对我国防止利益冲突法的主要内容和立法架构的设计。

---

① 参见：李芳，陈华娟. 新时代反腐败斗争中防止利益冲突制度建设路径探析［J］. 探索，2018（2）：121-126；樊建武，于建星. 加拿大预防利益冲突给我们的借鉴与启示［J］. 理论导刊，2009（2）：75，79；于柯超. 以马克思主义利益观和社会冲突理论指导防止利益冲突制度建设［C］//本书编委会. 反腐败：防止利益冲突的理论与实践——反腐败：防止利益冲突的理论与实践专题研讨会暨第四届西湖·廉政论坛文集. 北京：中国方正出版社，2012：403-404；杨芳勇. 试论"防止利益冲突"与反腐倡廉［J］. 中共南昌市委党校学报，2009，7（5）：34-35；王延中，蒋来用. 加强防止利益冲突制度建设的思路与对策［C］//本书编委会. 反腐败：防止利益冲突的理论与实践——反腐败：防止利益冲突的理论与实践专题研讨会暨第四届西湖·廉政论坛文集. 北京：中国方正出版社，2012：534；中国人民银行纪委、派驻监察局. 建立健全防范利益冲突机制的分析与思考［C］//本书编委会. 反腐败：防止利益冲突的理论与实践——反腐败：防止利益冲突的理论与实践专题研讨会暨第四届西湖·廉政论坛文集. 北京：中国方正出版社，2012：543；庄德水. 建立健全防止利益冲突制度的学理建议［N］. 检察日报，2009-10-20（7）；浙江省杭州市纪委、监察局. 反腐败：防止利益冲突的理论与实践专题研讨会暨第四届西湖·廉政论坛综述（2011年11月）［C］//本书编委会. 反腐败：防止利益冲突的理论与实践——反腐败：防止利益冲突的理论与实践专题研讨会暨第四届西湖·廉政论坛文集. 北京：中国方正出版社，2012：580；杨绍华. 健全防止利益冲突制度的理论分析与实践路径［J］. 湖南社会科学，2011（6）：3-5；庄德水. 利益冲突视角下的腐败与反腐败［J］. 广东行政学院学报，2009，21（6）：24；林兴. 利益冲突制度的探讨［J］. 广西社会科学，2005（9）：24-25；楚文凯. 关于借鉴国外防止利益冲突做法的思考［J］. 中国监察，2006（14）：52-53；吴柯. 一些国家防止利益冲突的主要做法及其对我国的启示［J］. 商业经济，2010（4）：94，111；王银梅. 防止公务员利益冲突的法治化途径选择［J］. 成都行政学院学报，2011（5）：19，21；闫德民. 论利益冲突及其预防制度体系构建［J］. 学习论坛，2011，27（5）：51-52；贺清龙. 简议防止利益冲突［J］. 中国监察，2011（21）：46；朱前星，王国林，陈果. 国外防止利益冲突的制度设计及其启示［J］. 领导科学，2011（6）：8-10；张孟英，潘虹，孟令军. 利益冲突视角下的廉政文化建设［J］. 成都理工大学学报（社会科学版），2013，21（1）：54；陈善光. 美国防止利益冲突制度的特点与启示［J］. 中共福建省委党校学报，2013（1）：96-98；马华. 从学理到路径：防止利益冲突机制构建［J］. 行政论坛，2013（5）：69-71；马华. 利益冲突视域下的公共权力价值判断回归［J］. 廉政文化研究，2013（2）：40-41；王瑶，巨亚男. 利益冲突管理研究评述［J］. 中国集体经济，2013（4）：86；唐晓清，杨绍华. 防止利益冲突制度：国际社会廉政建设的经验及启示［J］. 当代世界与社会主义，2011（2）：139；肖俊奇. 公职人员利益冲突及其管理策略［J］. 中国行政管理，2011（2）：69；蔡小慎，张存达. 非正式约束视角下公职人员利益冲突的治理［J］. 安徽师范大学学报（人文社会科学版），2013，41（2）：175-177；施明洲. 关于防止利益冲突制度建设的思考［J］. 浙江国土资源，2013（7）：23；俞上标. 浅析防止利益冲突制度下我国的反腐败问题［J］. 改革与开放，2013（2）：27；聂资鲁. 防止公职人员利益冲突立法的理论与实践［J］. 中国法学，2013（6）：160；廖能婴. 加拿大《利益冲突法》研究［D］. 长沙：湖南大学法学院，2012：36-37；周农. 推进防止利益冲突工作的若干思考［C］//本书编委会. 反腐败：防止利益冲突的理论与实践——反腐败：防止利益冲突的理论与实践专题研讨会暨第四届西湖·廉政论坛文集. 北京：中国方正出版社，2012：326；谭本仲. 关于完善防止利益冲突机制的思考［C］//本书编委会. 反腐败：防止利益冲突的理论与实践——反腐败：防止利益冲突的理论与实践专题研讨会暨第四届西湖·廉政论坛文集. 北京：中国方正出版社，2012：426-427.

对此，学者们从不同的角度提出了自己的立法设计，虽然角度不同，表述各异，但总的来看，其核心内容和主要框架基本一致，主要包括总则，公职人员行为规范，避免和解决利益冲突的措施和程序，法律责任，实施、监督机构及监督办法，附则。[①]

（2）行业系统防止利益冲突制度研究。

国内对防止利益冲突制度研究主要以国家机关和公职人员整体为蓝本，同时对律师行业等一些行业部门、法院系统、重点领域利益冲突的表现、成因及治理对策等也开展了一些研究。

在司法领域，有观点概括了人民法院司法权利益冲突的表现形式，主要表现为司法拍卖领域存在“利益关联”、司法评估环节存在“程序漏洞”以及法官律师关系存在“利益冲突”，并进行了成因分析，提出了思路对策。[②] 有法官论证了在法院系统设置和司法廉洁制度完善等方面的问题。[③]

一些律师根据执业实际，对律师行业利益冲突进行了研究，概括了律师行业利益冲突的类型，主要有同时性利益冲突、连续性利益冲突，律师与潜在委托人间的利益冲突、律师与现时委托人间的利益冲突、律师与对方当事人的利益冲突、一方律师与对方律师之间的利益冲突，直接利益冲突、间接利益冲突，诉讼利益冲突、非诉讼利益冲突，单一关系利益冲突、复合关系利益冲突，身份型利益冲突，等等。分析了律师行业利益冲突的起因，提出了防范与处理律师行业利

① 参见：聂资鲁．防止公职人员利益冲突立法的理论与实践［J］．中国法学，2013（6）：160-162；罗昌平，秦天宁．防止利益冲突廉政立法探［J］．法治论丛，2011，26（1）：5-7；朱向东，侯玉梅．我国亟待出台防止利益冲突法．廉政文化研究，2012（4）：69；庄德水．建立健全防止利益冲突制度的学理建议［N］．检察日报，2009-10-20（7）．

② 重庆市高级人民法院纪检组监察室．人民法院司法权中利益冲突的成因及治理对策［C］//本书编委会．反腐败：防止利益冲突的理论与实践——反腐败：防止利益冲突的理论与实践专题研讨会暨第四届西湖·廉政论坛文集．北京：中国方正出版社，2012：225-229．

③ 钱锋．司法廉洁制度的创新完善与路径选择［J］．法律适用，2012（2）：3-8；钱锋．司法廉洁制度设置研究［J］．法律适用，2013（3）：26-33．

益冲突的对策措施和完善制度的方法。[①]

还有一些学者和实务工作者对其他一些行业部门和重点领域的防止利益冲突进行了研究。如对证券期货行业利益冲突的类型、形势、原因和对策进行了研究；[②] 对房地产行业腐败的诱因和根源进行了分析，从防止利益冲突的角度提出了治理对策；[③] 对医疗卫生行业利益冲突的表现进行了分析并提出了治理对策；[④] 对高校防止利益冲突制度建设的困境和对策进行了分析；[⑤] 对食品药品监管部门、海事系统利益冲突的主要表现形式进行了梳理，分析了利益冲突产生的原因，提出了防止利益冲突的对策；[⑥] 对工程招投标、政府采购、公共资源交易、公共资金管理、政府投资项目及农村“三资”管理等

---

① 北京市律师协会. 律师利益冲突管理与公益法律服务［M］. 北京：北京大学出版社，2010：69-75，89-95.

② 赵峰. 证券期货行业防止利益冲突面临的形势与对策建议［C］//本书编委会. 反腐败：防止利益冲突的理论与实践——反腐败：防止利益冲突的理论与实践专题研讨会暨第四届西湖·廉政论坛文集. 北京：中国方正出版社，2012：234-238；新疆维吾尔自治区证监局纪委. 证券期货一线监管部门防止利益冲突风险的若干思考［C］//本书编委会. 反腐败：防止利益冲突的理论与实践——反腐败：防止利益冲突的理论与实践专题研讨会暨第四届西湖·廉政论坛文集. 北京：中国方正出版社，2012：455-462.

③ 卢汉桥，郑洁. 切实防止利益冲突，有效防治房地产腐败［C］//本书编委会. 反腐败：防止利益冲突的理论与实践——反腐败：防止利益冲突的理论与实践专题研讨会暨第四届西湖·廉政论坛文集. 北京：中国方正出版社，2012：239-245.

④ 李景平. 医疗卫生行业“三公”领域利益冲突及治理［C］//本书编委会. 反腐败：防止利益冲突的理论与实践——反腐败：防止利益冲突的理论与实践专题研讨会暨第四届西湖·廉政论坛文集. 北京：中国方正出版社，2012：246-252.

⑤ 李佳纳. 关于学校利益冲突预防制度体系建设的思考［J］. 教育理论与实践，2017（13）：30-33；沈蓓绯. 防止利益冲突视角下高校廉政风险防控体制创新研究［J］. 湖北社会科学，2017（08）：178-183；崔会敏. 高等院校防止利益冲突制度建设的困境与对策［C］//本书编委会. 反腐败：防止利益冲突的理论与实践——反腐败：防止利益冲突的理论与实践专题研讨会暨第四届西湖·廉政论坛文集. 北京：中国方正出版社，2012：316-322.

⑥ 俸君辉. 食品药品监管部门防止利益冲突理论初探［C］//本书编委会. 反腐败：防止利益冲突的理论与实践——反腐败：防止利益冲突的理论与实践专题研讨会暨第四届西湖·廉政论坛文集. 北京：中国方正出版社，2012：428-433；黄文彩. 海事系统防止利益冲突的若干思考［C］//本书编委会. 反腐败：防止利益冲突的理论与实践——反腐败：防止利益冲突的理论与实践专题研讨会暨第四届西湖·廉政论坛文集. 北京：中国方正出版社，2012：449-454.

重点领域防止利益冲突的探索进行了总结和思考。①

（3）域外防止利益冲突制度及模式研究。

国内对域外防止利益冲突制度及模式的研究不多，主要代表有聂资鲁、刘小春的《域外防止利益冲突立法：模式与选择》。他们通过考察发现，世界各国防止利益冲突的立法模式大致有三：一是专门立法和其他法律法规相结合的模式，二是刑事立法与其他法律法规相结合的模式，三是行政伦理立法与其他法律法规相结合的模式。②

① 李逢春. 资源型城市建设工程招投标领域防止利益冲突的探索与思考：以鄂尔多斯创新公共资源交易模式为例［C］//本书编委会. 反腐败：防止利益冲突的理论与实践——反腐败：防止利益冲突的理论与实践专题研讨会暨第四届西湖·廉政论坛文集. 北京：中国方正出版社，2012：45-51；浙江省金华市纪委、监察局. 重点领域防止利益冲突的实践与思考［C］//本书编委会. 反腐败：防止利益冲突的理论与实践——反腐败：防止利益冲突的理论与实践专题研讨会暨第四届西湖·廉政论坛文集. 北京：中国方正出版社，2012：159-165；魏祖民. 公共资源交易领域防止利益冲突的若干思考［C］//本书编委会. 反腐败：防止利益冲突的理论与实践——反腐败：防止利益冲突的理论与实践专题研讨会暨第四届西湖·廉政论坛文集. 北京：中国方正出版社，2012：170-173；浙江省衢州市纪委、监察局. “三公”领域健全防止利益冲突制度的实践与思考［C］//本书编委会. 反腐败：防止利益冲突的理论与实践——反腐败：防止利益冲突的理论与实践专题研讨会暨第四届西湖·廉政论坛文集. 北京：中国方正出版社，2012：230-233；辽宁省大连市纪委、监察局. 公共资源交易领域防止利益冲突的初步探索与思考［C］//本书编委会. 反腐败：防止利益冲突的理论与实践——反腐败：防止利益冲突的理论与实践专题研讨会暨第四届西湖·廉政论坛文集. 北京：中国方正出版社，2012：261-267；上官小洁. 论防止利益冲突在政府采购领域的应用［C］//本书编委会. 反腐败：防止利益冲突的理论与实践——反腐败：防止利益冲突的理论与实践专题研讨会暨第四届西湖·廉政论坛文集. 北京：中国方正出版社，2012：434-437；浙江省杭州市萧山区纪委. 政府性投资工程建设领域利益冲突的回避与防范——基于杭州市萧山区的实践与思考［C］//本书编委会. 反腐败：防止利益冲突的理论与实践——反腐败：防止利益冲突的理论与实践专题研讨会暨第四届西湖·廉政论坛文集. 北京：中国方正出版社，2012：504-508；浙江省杭州市下城区纪委. 下城区关于防止政府投资工程建设领域利益冲突的实践与思考［C］//本书编委会. 反腐败：防止利益冲突的理论与实践——反腐败：防止利益冲突的理论与实践专题研讨会暨第四届西湖·廉政论坛文集. 北京：中国方正出版社，2012：509-512；福建省厦门市纪委、监察局. 关于加强工程建设领域防止利益冲突机制建设的思考［C］//本书编委会. 反腐败：防止利益冲突的理论与实践——反腐败：防止利益冲突的理论与实践专题研讨会暨第四届西湖·廉政论坛文集. 北京：中国方正出版社，2012：553-558；汪毓华. 建立公共资源交易市场体系有效防止公共资源交易领域利益冲突［C］//本书编委会. 反腐败：防止利益冲突的理论与实践——反腐败：防止利益冲突的理论与实践专题研讨会暨第四届西湖·廉政论坛文集. 北京：中国方正出版社，2012：565-570.

② 聂资鲁，刘小春. 域外防止利益冲突立法：模式与选择［J］. 中国行政管理，2016（1）：128-133.

2. 已取得的成果——学术著作

近年来，出版的相关学术著作不多，主要有：聂资鲁等所著的《域外防止公职人员利益冲突理论与实践研究》，于以胜主编的《新形势下防止利益冲突制度研究》，郑卫东、许杰所著的《走出困境——我国高校防止利益冲突寻绎》，王天笑所著的《廉政视阈下我国公职人员利益冲突问题研究》,[①] 等等。

3. 存在的问题和不足

当前，我国对利益冲突问题的研究仍存在不容忽视的问题，主要表现在以下两个方面。

（1）研究的深度和广度亟须拓展。

在理论层面上，研究的深度亟须拓展。作为一个理论问题，利益冲突或防止利益冲突制度有着自身的本质特征和价值范畴，国内对利益冲突问题的研究不够深入、不够全面、不够宏大。利益冲突与腐败有着紧密的联系，但利益冲突与腐败并非完全相同的两个概念，一些学者对利益冲突概念的理解不全面，有的理解完全非其本意，在研究过程中有意或无意地将利益冲突行为等同于腐败行为，将惩治和预防腐败的相关理论生硬地搬过来用于对利益冲突问题的研究，没有突出利益冲突问题的本质特色，这样容易将腐败问题的研究代替利益冲突问题的研究。此外，对于国外制度成果和研究成果的借鉴也有待深化，对国外利益冲突制度和理论的系统介绍、对其管理利益冲突问题经验的系统总结还难得一见。

在技术层面上，研究的广度亟须拓展。作为技术问题的利益冲突制度，有着很强的实践指向，倾向于可操作性、可践行性，注重实践

① 聂资鲁，等. 域外防止公职人员利益冲突理论与实践研究［M］. 广州：世界图书出版广东有限公司，2017；于以胜. 新形势下防止利益冲突制度研究［M］. 北京：中国方正出版社，2015；郑卫东，许杰. 走出困境：我国高校防止利益冲突寻绎［M］. 上海：上海三联书店，2017；王天笑. 廉政视阈下我国公职人员利益冲突问题研究［M］. 郑州：郑州大学出版社，2015.

中的效果，依赖于防止和处理利益冲突的制度、与防止和处理利益冲突的制度相关的配套和保障制度的构建与完善。目前，我国的研究在这个方面也是不充分的，对作为技术层面的利益冲突制度的研究不够翔实、可操作性不强，多为宏观略论、泛泛而谈，规范性研究较多，实证性研究缺乏。人民代表大会制度是我国的根本政治制度，国家行政机关、审判机关、检察机关都由人民代表大会产生，对它负责，受它监督。当前的研究主要以党政机关特别是行政机关为蓝本，对法院系统利益冲突的成因及治理对策有零星的研究，而对人大机关和检察机关利益冲突问题的研究，目前尚未发现相关成果。因此，对利益冲突问题研究的领域亟须拓展。

（2）对利益冲突史的研究有待开拓。

在任何国家，一种制度的建构都不能忽视其特有的文化传统，否则，其制度的建构将缺乏继承性，影响制度功效的发挥。我国传统文化中就有家国不分的政治传统，这种公私界限的模糊提高了利益冲突发生的可能性。忠诚于群体的传统道德要求、注重礼尚往来的社会传统，则加剧了利益冲突的内在冲动。同时，我国传统文化中也有着丰富的回避利益冲突的思想、理念和制度，如超越“小我”服务“大我”的公私观，“博施于民而济众”的仁爱观，“以义制利”“重义轻利”的义利观，“大公无私”的价值观，为政以德、清廉守正、克己奉公的公共伦理要求，等等，[①] 同时，我国古代也在某种意义上建立了防止利益冲突的相关制度，比较典型的是避籍和避亲制度。如何对这些传统进行扬弃并在新的历史条件下进行现代转型，将会对当前利益冲突制度建设有重要的影响。目前对利益冲突制度的研究中，基本见不到对我国传统文化的研究。尽管改革开放以来我国在现代民主政治的道路上成绩斐然、公民意识逐渐觉醒和加强，但传统文化的影响依然存在。如果没有对我国传统文化进

① 王天笑，吴春华. 当前我国公职人员利益冲突制度研究述评［J］. 云南行政学院学报，2010（5）：37-41.

行研究，那么利益冲突问题研究无疑是残缺不全的，防止利益冲突制度的建构也会因忽视传统而受到影响。因此，对利益冲突问题的历史研究有待开拓。

综观现有研究，我们发现存在如下问题：一是研究方法简单，过于侧重简单的比较研究，或者制度的评介；二是研究深度不够，多倾向于对问题的揭示，或者停留在介绍国外有关的实践，缺乏对理论和制度的深层次的分析与思考，尤其是对立法的深层次和可操作性问题等思考不足。很显然，这一课题研究的不足，将影响我国的反腐败法制建设。因而开展本课题研究很有必要且十分迫切。

随着惩治和预防腐败力度的加大，反腐败斗争不断取得新的进展和成效。我们有理由相信，对利益冲突问题进行研究的力度将会迅速加强，研究的深度和广度将会逐步拓展，研究成果也将日益丰富，必将为我国防止利益冲突立法提供有力的智力支持和实践指导。

三、研究方法与特色

我们的研究既注重深度研究域外的防止利益冲突立法理论和实践，也重视提炼中国特色的反腐倡廉理论；既重视理论研究，也重视政策研究；既总结已有的实践经验，也前瞻性地探讨未来实践的方向。在一般的防止利益冲突理论和模式研究部分，创立了自己的防止利益冲突理论框架，建构了自己的防止利益冲突立法模式。在中国特色防止利益冲突立法理论研究部分，首次对中国特色反腐败立法理论进行了一定的研究，对该理论的思想来源、基本框架和深化发展进行了总结和概括。在立法对策研究部分，提出了高度重视改革创新、逐步探索中国特色反腐败立法道路的宏观建议以及提高防止利益冲突立法活动有效性的具体建议。我们以发展的思路进行立法理论和政策的研究与探索。

从利益冲突的生成机理、构建防止利益冲突制度的核心要素、防止利益冲突立法的正当性和合法性等方面搭建了防止利益冲突立法的分析框架，对于以后学者在防止利益冲突方面进行进一步研究是大有裨益的。

第一章　国际组织防止公职人员利益冲突立法研究

一、国际组织防止公职人员利益冲突立法概览

反腐败是贯穿人类历史的一个主题，利益冲突是腐败的源头性原因和根本性原因之一，利益冲突的防范也就成为反腐败的一个重要领域。随着人类历史的发展，人们对于利益冲突和利益冲突的防范机制的认识也不断深入，最终通过立法的方式来防范利益冲突成为众多国家的共同选择。

联合国等国际组织在20世纪70年代便开始关注腐败问题，包括利益冲突问题，从90年代中期开始，即通过或缔结了国际反腐败条约，其中涉及防止利益冲突。

国际组织防止利益冲突立法的历史演进情况大致如下。

（一）联合国系统

1. 联合国

联合国在1990年8月第八届联合国预防犯罪和罪犯待遇大会上

曾要求各个国家在打击贪污舞弊的法律中设立利益冲突罪。[①] 会议还通过了《反贪污腐化实际措施手册》。该手册为各国决策者和专职机构提供了一个处理腐败问题和防止利益冲突的蓝本。1996 年 12 月，联合国大会通过了《联合国反对国际商业交易中的贪污贿赂行为宣言》（United Nations Declaration against Corruption and Bribery in International）。1996 年 12 月 12 日，第五十一届联合国大会通过了《公职人员国际行为守则》。其主要内容：一是指导公职人员应履行职责的总则；二是利益冲突和回避；三是公职人员披露私人资产；四是赠予时的申报；五是处理机密资料的准则；六是公职人员的政治活动不应影响到公众对其履行职能和职责的信任。2000 年的《联合国打击跨国有组织犯罪公约》（United Nations Convention against Transnational Organized Crime），也涉及利益冲突的防范的制度。联合国于 2003 年 9 月编制的《反腐败工具箱》，2003 年 10 月 31 日第五十八届联合国大会通过的《联合国反腐败公约》都涉及“利益冲突”内容。至此，防止利益冲突的国际立法活动达到高潮。

2. 世界银行

世界银行是世界银行集团的简称，国际复兴开发银行的通称，是联合国经营国际金融业务的专门机构，同时也是联合国的一个下属机构。世界银行素有“联合国第二”之盛誉。世界银行建立了一整套完整的采购规则体系，利益冲突规则是其中的一个重要规则，对国际招投标法律制度产生了重要影响。如：《世界银行借款人选择和聘请咨询顾问指南》《世行贷款项目土建工程标准招标文件范本》。[②]

① 转引自：张辉，孟绮昌.“利益冲突”与我国廉政建设实践探析［J］.西北工业大学学报：社会科学版，2010（2）：4-6，43.

② 余方，李磊.世界银行采购政策中的利益冲突规则及我国相关立法借鉴［J］.商业时代，2010（30）：103-104.

（二）全球性国际组织

与此同时，一些全球性国际组织提出了一系列防止利益冲突的政策主张并实践之，其中，经合组织的防止利益冲突的政策和规则体系最具有代表性。

经合组织出台的一系列法律文件，特别是1977年的《打击国际经济活动中向外国官员贿赂公约》（The Convention on Combating Bribery of Foreign）和《禁止在国际商业交易中贿赂外国公职人员公约》（Convention on Combating Bribery of Foreign Public Officials in International Business Transactions）、1996年的《公共服务伦理：现实问题与实践》、1998年的《改善行政伦理行为建议书》、2000年的《信任政府：经合组织国家的伦理策略》、2003年的《公共服务中的利益冲突管理：经合组织的指导原则与评述》、2005年的《公共服务领域管理利益冲突指引》等，研究了防止利益冲突问题，并形成一个指导管理和防止利益冲突的政策与法律体系。其中，《公共服务中的利益冲突管理：经合组织的指导原则与评述》是世界上第一个专门针对利益冲突问题的国际报告。《公共服务领域管理利益冲突指引》，提出了防止公共利益冲突的四项核心原则和六条政策建议，成为国际层面第一份为政府部门管理利益冲突提供全面指导的法律文件。根据经合组织发布的多个官方研究报告，经合组织的利益冲突制度可以概括为以下内容：一是利益冲突的预防制度，其中包括利益申报与公示制度、礼品申报与公示制度、冲突利益的处理制度和离职后利益冲突制度；二是利益冲突的监察制度，包括监察机构的设立和举报人保护制度；三是利益冲突的责任制度，包括纪律处分制度、刑事处罚制度和管理责任制度。①

① 聂资鲁，等. 域外防止公职人员利益冲突理论与实践研究［M］. 广州：世界图书出版广东有限公司，2017：128-134.

世界贸易组织（WTO）作为专门协调国际贸易关系的国际经济组织，在相当长的一段时间里，对腐败，仅扮演旁观者的角色。这可以从 WTO 的各项协定中大多未提及腐败及反腐败相关的内容得到印证。进入 21 世纪后，腐败行为严重扭曲贸易已成为国际社会的共识，因此 WTO 越来越关注反腐败与倡导建立健全防止利益冲突制度。2004 年，在美、欧等成员方的提议下，依据新加坡部长会议宣言的授权，WTO 建立了政府采购透明度工作组，负责《政府采购透明度协定》（Transparency in Government Procurement Agreement，T-GPA）的谈判工作。工作组成立后致力于政府采购的反腐败问题研究。但 2004 年，WTO 成员方正式停止了 T-GPA 的谈判，意味着运用透明度义务把控制腐败纳入 WTO 的意图宣告失败。于是，《政府采购协定》（GPA）要求成员方通过阶段性的谈判寻求完善协定本身。① 这样，成员方转向寻求在 GPA 的文本中加入反腐败条款，并将之作为 GPA 发展的新目标。2006 年 12 月，WTO 政府采购委员会通过了修订的 GPA 临时议定文本（2007 版 GPA 文本）。2012 年 3 月，WTO 政府采购委员会通过了《关于 GPA 第 24 条第 7 款谈判成果的决定》，标志着 GPA 新一轮谈判的最终完成。② 2012 版 GPA 文本在保持 1994 版 GPA 文本基本原则不变的基础上，针对政府采购中存在的贪腐问题新增了反腐败条款。这表明了 GPA 以及 WTO 在反腐败问题上的积极转向，并可能成为未来 WTO 深度介入打击商业贿赂和反腐败问题的重要突破口。③ 具体就防止利益冲突内容而言，GPA 有多条规定涉及。如：在“序言”部分，指出缔结 GPA 的原因是，各参加方已“认识到政府采购透明性措施的重要性，以透明和公正方式实施政府采购的重要性，按照《联合国反腐败公约》等可适用的国际文件避

---

① 马万里. 中国与 GPA 新文本中的反腐规定［J］. 法大研究生，2015（2）：215-228.

② 石静霞，杨幸幸. 中国加入 WTO《政府采购协定》的若干问题研究：基于对 GPA2007 文本的分析［J］. 政治与法律，2013（9）：25-37.

③ 石静霞，杨幸幸. 中国加入 WTO《政府采购协定》的若干问题研究：基于对 GPA2007 文本的分析［J］. 政治与法律，2013（9）：25-37.

免利益冲突和腐败行为的重要性”。强调在政府采购领域按照《联合国反腐败公约》等可适用的国际文件来“避免利益冲突和腐败行为”是各方共识。在第4条“一般原则”中特别规定：“采购实体应当以透明和公正的方式进行被涵盖的采购，该方式：（a）应当与本协议一致，使用诸如公开招标、选择招标和限制性招标那样的方式；（b）避免利益冲突；（c）防止腐败行为。”这是重申要“避免利益冲突和腐败行为”。作为GPA的成员国，修改国内法以与GPA保持一致是其法定义务。因而，GPA的防止利益冲突、反腐败理念与规定，成为各成员国在政府采购领域防止利益冲突、反腐败立法时必须遵循的指南。

（三）区域性国际组织

20世纪90年代，一些区域性国际组织开始关注腐败问题，也非常重视利益冲突问题，尤其以亚洲开发银行为代表。

亚洲开发银行一直致力于反腐败及防止利益冲突制度的探索，先后制定了系列政策和规范性文件。①亚洲开发银行反腐败政策：《腐败和欺诈行为的统一定义》；②亚洲开发银行业务中的反腐败相关制度：《亚洲开发银行资助投资项目的财务治理与管理指南》、《亚洲开发银行贷款采购指南》（1999）、《亚洲开发银行及其借款人使用咨询顾问指南》；③反洗钱制度：《亚洲开发银行反洗钱政策》；④保障上述制度实施的程序规范：《廉正原则与指南》（2015）、《行政命令：举证人及证人保护》。这些政策和规范性文件共同组成了亚洲开发银行反腐败制度体系，且都以防止利益冲突为核心内容。

此外，美洲国家组织（OAS）1996年制定的《美洲反腐败公约》（Inter-American Convention against Corruption）；欧洲理事会（The European Council）1997年制定的《打击贪污腐败二十项指导原则》和《打击涉及欧洲共同体官员或欧洲联盟成员国官员的腐败行为公约》(Convention on the Fight against Corruption Involving Officials of the European Communities or Officials of Member States of the European Union), 1999 年制定的《反腐败刑法公约》(Criminal Law Convention Corruption)和《反腐败民法公约》(Civil Law Convention Corruption); 欧洲委员会(The European Union)于 2000 年发表的《公职人员的标准行为规范》; 英联邦制定的《英联邦促进良好管治和打击贪污腐败原则框架》; 1999 年的《非洲国家反腐败原则》; 2001 年的《亚太地区反腐败行动计划》等法律文件也涉及防止公职人员利益冲突的内容。

上述这些反腐败公约、法律、原则和行动计划等都包含了关于公共机构、公职人员和私营部门利益冲突制度建设的内容。

经过 30 多年发展,利益冲突作为反腐败建设中的一个基本和必要元素已经被大多数国际组织、国家和地区所认可并在实践中加以应用。可以说,现今的国际社会,利益冲突制度已经不再是某个组织或个别国家的专利,它已经成为一项被公认的全球反腐败基础性制度。①

历史的回顾,是我们进一步深化研究的宏观指引。我们的研究首先从几个典型的国际组织在防止公职人员利益冲突立法方面展开。

二、联合国防止公职人员利益冲突立法研究

联合国是当今世界最大的政府间国际组织。自 1945 年成立以来,联合国为世界的和平与发展做出了绵绵不绝的贡献。随着腐败现象的世界性蔓延,自 20 世纪 90 年代以来,联合国对于腐败问题给予高度的关注,并采取了一系列措施推动国际反腐败合作广泛而深入地

① 刘忠.《联合国反腐败公约》视域下私营部门利益冲突问题研究 [D]. 大连:大连海事大学, 2011.

开展。在建立防止利益冲突制度方面，联合国也发挥着重要而独特的作用。

（一）联合国在反腐败立法与防止公职人员利益冲突立法中的探索①

联合国非常重视腐败问题、利益冲突问题，不断通过国际立法对腐败与利益冲突采取防止政策。

1. 初步探索时期（20 世纪 70—80 年代）

20 世纪 70 年代中期，为解决国际商业交易中的腐败问题和制定跨国公司行为守则，联合国付出了很大的努力。之后，反腐败逐渐在联合国预防犯罪和刑事司法议程中占据了突出位置，并越来越多地在五年一次的大会中得到讨论，特别是关于在发展形势下犯罪活动的新形式以及预防犯罪计划的讨论。

1975 年 9 月，联合国大会第三十届会议审议了第五届联合国预防犯罪和罪犯待遇大会关于国际执法人员行动守则问题的报告，并在其第 3453（×××）号决议中请预防和管制犯罪委员会拟定一项执法人员行动守则草案。1979 年 12 月 17 日，联合国第三十四届会议第 34/169 号决议通过了《执法人员行为守则》。《执法人员行为守则》是第一份述及腐败定义的联合国文书。特别是，第 7 条注释（b）项中首次涉及利益冲突问题，包括非法接受礼物、许诺、酬劳等内容。

1980 年 8 月 25 日至 9 月 5 日，在加拉加斯举行的第六届联合国预防犯罪和罪犯待遇大会指出，滥用公共和经济权力往往涉及腐败，

① 参见：联合国毒品和犯罪问题办公室. 关于拟定联合国反腐败公约的谈判准备工作文件［EB/OL］. http://www. un. org/zh/issues/anti-corruption/pdfs/prepare. pdf.

因此，迫切需要把国内和国际努力结合起来，以打击各种形式的腐败现象。①

2. 推进全球合作时期（20 世纪 90 年代）

从 20 世纪 90 年代始，联合国及其专门机构便开始关注全球反腐败问题，也非常重视公职人员的利益冲突问题。

作为第八届联合国预防犯罪和罪犯待遇大会筹备活动的一部分，联合国预防犯罪和刑事司法处与秘书处技术合作促进发展部合作，在海牙组织了一期政府中的腐败问题区域间讨论会。讨论会审议了制定对付跨国腐败的国际公约和国际公职人员道德准则的可能性。②

1990 年 8 月 27 日至 9 月 7 日，第八届联合国预防犯罪和罪犯待遇大会审议了根据经济及社会理事会第 1990/23 号决议编写的《反贪污腐化实际措施手册（草案）》。与会者认为，该手册是协助会员国打击腐败的宝贵范本。③ 大会在题为“政府中的腐败”的第 7 号决议中建议各会员国制定预防腐败行为或滥用权力的行政和管理机制；请各会员国审查包括程序法在内的刑法是否充足，以便应对各种形式的腐败和旨在协助或方便腐败活动的行为，并对确保适当震慑的制裁规定了追索权；敦促会员国通过程序并提供充足资源，以便对腐败官员进行侦查、调查和定罪，还敦促会员国制定关于没收腐败行为所得资金和财产的规定。在该决议中，大会请预防犯罪和刑事司法处起草一份公职人员国际行为守则草案并提交第九届大会；征求各国政府、政府间和非政府组织及专业协会对将在发展中国家使用的《反贪污腐化实际措施手册》和《公职人员国际行为守则》草案的意

① 见《第六届联合国预防犯罪和罪犯待遇大会》，第四章，B 节，第 164 至第 167 段。转引自联合国毒品和犯罪问题办公室. 关于拟定联合国反腐败公约的谈判准备工作文件［EB/OL］. http：//www. un. org/zh/issues/anti-corruption/pdfs/prepare. pdf.

② 见技术合作促进发展部及社会发展和人道主义事务中心，《政府中的腐败：区域间讨论会报告，1989 年 12 月 11 日至 15 日，荷兰海牙》（TCD/SEM. 90/2- INT-89-R56）。

③ 大会结束后手册分发给了世界各地的专家，并将收集到的评论加以合并，推出了订正版，于 1993 年出版［见《国际刑事政策评论》第 41 号和第 42 号（联合国出版物，出售品编号：E. 93. IV. 4）］。

见，以期提升对它们的接受程度；请犯罪预防和控制委员会不断审查腐败问题，并提交其根据第九届大会决议所做工作的成果。[①] 联合国大会通过了题为“从发展角度来看犯罪和刑事司法的国际合作”的第45/107号决议，其中重申了第八届大会关于反腐败措施的建议及预防犯罪和刑事司法处在拟定材料以及为法官和检察官提供专门培训方面的任务。

1995年4月29日至5月8日，第九届联合国预防犯罪和罪犯待遇大会在开罗举行。腐败问题被纳入第九届联合国预防犯罪和罪犯待遇大会方案中。大会就“旨在打击涉及政府官员的腐败行为的实际措施方面的经验”专题举行了一次特别会议。[②]

1996年12月12日，第五十一届联合国大会通过了第51/59号决议附件所载《公职人员国际行为守则》。《公职人员国际行为守则》对防止利益冲突做了专门规定，包含了防止利益冲突的大部分内容。利益冲突是一种客观现象，本身并不是腐败。如果公职人员不能正确处理利益冲突，就容易导致腐败。《公职人员国际行为守则》确立了公职人员的行为守则或标准，对于更好地预防和打击腐败是十分必要的。《公职人员国际行为守则》是世界上第一部要求公职人员廉洁奉公和廉洁自律的国际守则。

1996年12月12日，根据预防犯罪和刑事司法委员会第五届会议的建议，联合国大会在其第51/60号决议中核准了《联合国关于犯罪和公共安全问题的宣言》。根据该宣言，会员国承诺：通过采取有效的国家措施，打击严重的跨国犯罪，努力保护其公民的安全和福利，以及促进这方面的双边、区域、多边和全球执法合作和援助；同意通过执行打击受贿和腐败行为的国内适用法律，来打击和制止腐

① 见《第八届联合国预防犯罪和罪犯待遇大会，1990年8月27日至9月7日，哈瓦那：秘书处编写的报告》（联合国出版物，出售品编号：E. 91. IV. 2），第一章，C. 7节。

② 有关特别会议上的讨论，见《第九届联合国预防犯罪和罪犯待遇大会报告，1995年4月29日至5月8日，开罗》（A/CONF. 169/16/Rev. 1），第五章，A节，第245至第261段。

败和受贿现象；同意考虑制定协调一致的国际合作措施，制止腐败行径，并发展技术知识，防止和控制腐败现象。

1996 年 12 月 16 日，联合国大会第 51/191 号决议通过了《联合国反对国际商业交易中的贪污贿赂行为宣言》（以下简称《宣言》）。《宣言》包含各国可根据本国宪法、基本法律原则、国家法律和程序，在国家一级实施的一系列旨在打击国际商业交易中的贪污贿赂行为的措施。《宣言》还述及贿赂外国公职人员的问题，并且包含各类旨在打击此类现象的规定，包括将这种行为治罪，以及禁止一国的任何公共或私营公司或个人利用向另一个国家的任何公职人员或民选代表支付贿金来减税。《宣言》在颁布打击国际交易中的贿赂的法律法规方面发挥了先导作用，为缔结《禁止在国际商业交易中贿赂外国公职人员公约》铺平了道路，该公约于 1999 年 2 月 15 日生效。

3. 大发展时期（21 世纪）

2000 年 11 月 15 日，联合国大会通过了《联合国打击跨国有组织犯罪公约》。该公约共 41 条，主要是对腐败行为的刑事定罪作了具体规定。2003 年 9 月 23 日，中国常驻联合国代表向联合国秘书长交存了中国加入该公约的批准书。该公约中与防止公职人员利益冲突有关的是第八条。

2003 年 10 月 31 日，联合国大会第 58/4 号决议通过了《联合国反腐败公约》，并于 2003 年 12 月 9 日至 11 日开放供签署。该公约于 2005 年 12 月 14 日生效。这第一份全球反腐败法律文书的通过和生效，是过去 30 多年来联合国系统内所有努力和倡议的结果和顶峰。《联合国反腐败公约》总共四次明确使用“利益冲突”这个术语，其中与公共部门和公务员有关的条文有第 7 条第 4 款、第 8 条第 5 款、第 12 条第 5 款。我国已于 2005 年 10 月 27 日批准加入该公约，因而必须善意履行公约的义务。

上述国际法律文献，对我国廉政建设和反腐败工作同样适用。我国必须与之接轨。

(二)联合国防止公职人员利益冲突制度研究

具体而言,联合国防止公职人员利益冲突制度体系大致包括如下几个方面。

1. 关于公职人员的定义

公职人员,即履行公共职能或者提供公共服务的人。《联合国反腐败公约》第2条第1项规定,“公职人员”系指“无论是经任命还是经选举而在缔约国中担任立法、行政、行政管理或者司法职务的任何人员,无论长期或者临时,计酬或者不计酬,也无论该人的资历如何……缔约国本国法律中界定为‘公职人员’的其他人员……可以指依照缔约国本国法律的定义和在该缔约国相关法律领域中的适用情况,履行公共职能或者提供公共服务的任何人员”。

《联合国反腐败公约》利益冲突制度主要包括公共机构、公职人员利益冲突和私营部门利益冲突以及与公、私领域利益冲突相关的刑事处罚机制、民事救济机制和社会参与等多个方面,构成了一个关于利益冲突规范、预防、监督和救济的有机统一体。①

2. 公职人员从业道德规范

(1)公职人员应忠诚于公共利益。

《公职人员国际行为守则》第1条规定:“根据国内法的定义,公职为信托的职位,意味着有责任从公共利益出发行事。因此,公职人员的最高忠诚应当是对通过政府的民主体制所体现的本国公共利益的忠诚。”公职人员应忠于公共利益,这是民主的现代社会的必然要求,是从公职的信托职位性质引申出来的。公职人员为公共利益服务才是公职的应有含义。公职人员忠于公共利益,就应当依照宪法和

① 刘忠.《联合国反腐败公约》视域下私营部门利益冲突问题研究[D].大连:大连海事大学,2011.

法律的规定，为了公共利益行使权力，运用权力促进和维护公共利益。

（2）公职人员应当成为道德楷模。

公职人员的权力是人民赋予的，收入来自纳税人。他们应当是道德的楷模。他们应当有不同于或高于非公职人员的行为标准。

一是追求效率、实效和廉正，实现最佳业绩。《公职人员国际行为守则》第 2 条规定："公职人员应保证根据法律或行政政策切实有效地履行其责任和职能，做到秉公办事。无论何时，公职人员都应努力保证由其所负责的公共资源得到最切实有效的管理。"

二是务求专心、公正和无偏倚，避免渎职行为。《公职人员国际行为守则》第 3 条规定："公职人员应全心全意、公正而无私地履行其职责，尤其是在与公众的关系方面。无论何时，公职人员都不应对任何集团或个人给予任何不应有的优先照顾，或对任何集团或个人加以不当歧视，或以其他方式滥用赋予他们的权力和威信。"

3. 利益冲突和回避制度

为了防止利益冲突导致腐败，《公职人员国际行为守则》要求公职人员：

（1）不得利用职权谋取不当利益。

《公职人员国际行为守则》第 4 条规定："公职人员不得利用职务之便不正当地为本人或其家庭成员谋取个人利益或经济利益。公职人员不得进行与其公务、职能和职责或履行这些职责不相符合的任何交易，取得任何职位或职能或在其中拥有任何经济、商业或其他类似的利益。"例如，公职人员利用职务之便，到有关单位演讲，收取演讲费，并给有关单位谋取一定利益，就属于不得进行的"交易"。

（2）公布可能的利益冲突活动并采取减少或消除的措施。

《公职人员国际行为守则》第 5 条规定："公职人员应根据法律和行政政策，视本人职务的要求，公布可能会构成利益冲突的业务、商业和经济利益或为经济盈利而从事的活动，在可能产生或已觉察到公职人员的职责与个人利益间利益冲突的情况下，公职人员应遵守为减少或消除这类利益冲突而制定的措施。”

（3）不得利用公共资源从事与公职无关的活动。

《公职人员国际行为守则》第 6 条规定：“无论何时，公职人员都不得不正当地利用在履行公务过程中取得的或由于其公职而得到的公款、公共财产、服务或信息来从事与其公务无关的活动。”

经验表明，现实生活中的许多腐败现象的背后都有利益冲突。规制利益冲突事项有助于铲除公职人员以权谋私的土壤，使公共权力与私人利益相分离，形成不想、不敢和不能腐败的有效机制，从源头上预防和治理腐败。

4. 财产申报与公开制度

（1）必要性。

《联合国反腐败公约》要求各缔约国建立有效的财产申报制度。第五章“资产的追回”部分第 52 条第 5 款规定：“各缔约国均应当考虑根据本国法律对有关公职人员确立有效的财产申报制度。”

（2）申报和公开范围。

公职人员应全面公布个人的全部资产、债务和重大利益。1990 年 8 月在第八届联合国预防犯罪和罪犯待遇大会上通过的《反贪污腐化的实际措施手册》为各国提供一个处理腐败问题和防止利益冲突的蓝本。该文件中写道：“如果有了这样的法律规章，规定公职人员全面公布个人的全部资产、债务和社会关系，或者定期提供每年的全部收入和商业活动，那将是很有价值的反腐败手段。”

1996 年的《公职人员国际行为守则》第 8 条也规定：“公职人员应视本人的职务并根据法律和行政政策的许可或要求，按要求公布或披露，并在可能的情况下，公布或披露其配偶和/或其他受赡养者的私人资产和债务。”

《联合国反腐败公约》在第二章“预防措施”部分第 8 条第 5 款

规定：“各缔约国均应当根据本国法律的基本原则，酌情努力制定措施和建立制度，要求公职人员特别就可能与其职能发生利益冲突的职务外活动、任职、投资、资产以及贵重馈赠或者重大利益向有关机关申报。”

（3）保障措施。

一是保护和奖励举报。《联合国反腐败公约》第 8 条第 4 款规定：“各缔约国还应当根据本国法律的基本原则，考虑制定措施和建立制度，以便于公职人员在履行公务过程中发现腐败行为时向有关部门举报。”

二是建立国际合作等机制，有利于排除或发现公职人员隐瞒财产，如把财产转移到境外或交由外国人管理。《联合国反腐败公约》第 52 条第 5 款规定的缔约国间的资料共享办法就是一种国际合作的措施或机制。

三是制裁虚报瞒报行为。根据《联合国反腐败公约》第 52 条第 5 款，各缔约国“应当对不遵守（财产申报）制度的情形规定适当的制裁”。

5. 约束接受礼品或其他惠赠制度

联合国采取约束措施，限制公职人员接受礼物和其他馈赠，防止影响履行公职。

联合国在 1979 年通过的《执法人员行为守则》第 7 条明确规定：“执法人员不得有贪污行为，并应竭力抵制和反对一切贪污行为。”这里的贪污也是腐败的表现形式，它不仅包含国家刑法中所规定的贪污的罪行，也包含个人在执行任务时或在与其任务有关的情况下，要求或接受礼物、许诺或酬劳，从而采取或不采取某种行动，或在采取或不采取某种行动后非法接受这些礼物、许诺、酬劳的一切行为。

《公职人员国际行为守则》第 9 条规定：“公职人员不得直接或间接地索取或接受任何可能影响其行使职责、履行职务或作出判断的礼品或其他惠赠。”

6. 不得利用所知机密谋取私利制度

《公职人员国际行为守则》第10条规定："公职人员对于拥有的带有机密性质的资料应保守机密，但因国家立法，履行职责或司法需要而严格规定不予保密者除外。这些限制也应适用于已卸职的公职人员。"

《公职人员国际行为守则》要求保守的机密是公职人员"拥有的带有机密性质的资料"。关于保守机密的例外的规定，是为了保护国家的更重要的利益。根据《公职人员国际行为守则》，这种例外因"国家立法，履行职责或司法需要"而产生，并有严格限定。关于已离职人员仍有保守机密义务的规定，因为有些机密事项如果达不到解密条件，有可能需要公职人员长期甚至终生保密。

7. 约束职务以外活动，防止影响公信力

《公职人员国际行为守则》第11条规定："公职人员公务范围之外的政治活动或其他活动应根据法律和行政政策，不在任何方面影响到公众对其公正履行职能和职责的信任。"公职人员参与职务范围以外的政治活动或其他活动的条件是依照相关法律和政策进行，不得影响公职人员的公信力。

8. 任职或离职后行为的限制

《联合国反腐败公约》第12条第2款第5项规定："在合理的期限内，对原公职人员的职业活动或者对公职人员辞职或者退休后在私营部门的任职进行适当的限制，以防止利益冲突，只要这种活动或者任职同这些公职人员任期内曾经担任或者监管的职能直接有关。"

《公职人员国际行为守则》第7条规定："公职人员应遵守法律或行政政策所制定的措施，以免卸职后不正当地利用其原先的公职。"

9. 法律责任

《联合国反腐败公约》对利益冲突危害后果设计了刑事责任、民事责任和行政责任3种救济方式，如第26条第2款规定："在不违反缔约国法律原则的情况下，法人责任可以包括刑事责任、民事责任或者行政责任。"第35条规定："各缔约国均应当根据本国法律的原则采取必要的措施，确保因腐败行为而受到损害的实体或者人员有权为获得赔偿而对该损害的责任者提起法律程序。"可见，不同救济方式就是根据利益冲突危害后果的多样性而设计的。①

10. 刑事责任追究制度

联合国早在第八届联合国预防犯罪和罪犯待遇大会上就要求各个国家在打击贪污舞弊的法律中设立利益冲突罪，指出"公职与私利之间的冲突应得到正确的处理，虽然确定何种冲突应属犯罪行为随各种不同的文化而有区别"②。

《联合国打击跨国有组织犯罪公约》第8条要求各国立法将下列两种行为规定为刑事犯罪：①直接或间接向公职人员许诺、提议给予或给予该公职人员或其他人员或实体不应有的好处，以使该公职人员在执行公务时作为或不作为；②公职人员为其本人或其他人员或实体直接或间接索取或接受不应有的好处，以作为其在执行公务时作为或不作为的条件。

《联合国反腐败公约》第18条规定了"影响力交易"：各缔约国均应当考虑采取必要的立法和其他措施，将下列故意实施的行为规定为犯罪：①直接或间接向公职人员或者其他任何人员许诺给予、提议给予或者实际给予任何不正当好处，以使其滥用本人的实际影响力或者被认为具有的影响力，为该行为的造意人或者其他任何人从缔约国的行政部门或者公共机关获得不正当好处；②公职人员或者其他任何人员为其本人或者他人直接或间接索取或者收受任何不正当好处，以作为该公职人员或者该其他人员滥用本人的实际影响力

① 刘忠.《联合国反腐败公约》视域下私营部门利益冲突问题研究［D］. 大连：大连海事大学，2011.

② 刘明波. 廉政思想与理论［M］. 北京：人民出版社，1994：335.

或者被认为具有的影响力，从缔约国的行政部门或者公共机关获得任何不正当好处的条件。

综上，《公职人员国际行为守则》等联合国大会颁布的决议，虽然不具有强制的约束力，但是对联合国成员国有借鉴意义，甚至具有道义的约束力。因此，我国未来的防止公职人员利益冲突立法应该处理好与国际法的关系，在遵守《联合国反腐败公约》等国际条约的基础上，参考《公职人员国际行为守则》等国际性文件，建立健全与国际接轨又符合我国国情的防止公职人员利益冲突制度。

（三）小结

首先，《联合国反腐败公约》中的“预防措施”和“定罪和执法”等制度规范都与利益冲突有着直接或间接关系，特别是其中关于公共部门和公职人员、公共采购和公共财政管理、审判和检察人员、私营部门、影响力交易等内容中都有明确而清晰的利益冲突表达。其次，通过公职人员行为守则、公共采购透明度、私营部门会计和审计标准等对利益冲突有非常明确、管用的控制措施和手段。最后，对利益冲突的危害后果，从刑事、民事和行政等方面规定了明确的损害救济程序。①

联合国防止公职人员利益冲突制度体系以《联合国反腐败公约》为主，辅以其他各类公约、守则等国际规范性文件。

联合国防止公职人员利益冲突制度体系关于利益冲突宗旨、利益冲突主体、利益冲突控制措施、利益冲突定罪处罚、利益冲突监督机制和利益冲突救济机制等的规定是必须适用在我国反腐败国家立法之中的，这是我国的法定义务。

① 刘忠.《联合国反腐败公约》视域下私营部门利益冲突问题研究［D］. 大连：大连海事大学，2011.

三、世界银行防止公职人员利益冲突立法研究

（一）立法探索勾勒

二战结束后，为了帮助西欧国家恢复战后经济秩序，1944 年 7 月，在美、英等国的策划下，44 个国家在美国新罕布什尔州的布雷顿森林召开了确定战后货币金融秩序的国际会议，通过了由美国提出的关于设立国际复兴开发银行的方案。国际复兴开发银行（International Bank of Reconstruction and Development，IBRD）于 1946 年开始运作，1947 年 11 月 15 日起成为联合国专门机构之一，后又称“世界银行”，是世界银行集团下属五个机构之一。①

世界银行自成立后，在复兴欧洲经济方面发挥了积极而巨大的作用。从 20 世纪 50 年代开始，世界银行逐步转变职能，致力于通过提供无息或者低利率贷款、担保、援助等项目促进发展中国家实现经济可持续发展。世界银行是目前会员国最多、机构最大、影响最广的全球性国际金融机构。它有 189 个成员国，在 130 多个国家和地区设置了办事处。从 1947 年到现在，世界银行已经在全球开展了 12000 个以上的贷款项目。②

自 20 世纪 90 年代以来，随着世界银行资金支持的项目增加，腐败问题也日益严重。1995 年，自时任行长沃尔芬森指出腐败是抑制经济发展的重要因素以来，世界银行日益加强对腐败的关注和打击，对所有世行直接贷款资助的项目进行严格审查，要求借款国政府加

① 世界银行集团是联合国系统下的多边开发机构，包括五个机构：国际复兴开发银行、国际开发协会、国际金融公司、多边投资担保机构和国际投资争端解决中心。其中前三个机构是世界银行集团的主体。

② https：//www. shihang. org/zh/home.

强国内反腐败力度。除此之外，还颁布了一系列反腐败文件，如《世界银行反腐败使用者指南》《世界银行制裁指南》《世界银行制裁理事会规定》《世界银行双级制裁体系和廉政承诺指南》等，之后，又陆续出台一整套采购规则（政策）体系。这些文件大多都涉及防止利益冲突的内容。

（二）规则体系分析

以招投标采购规则为代表来探究世界银行采购政策中的利益冲突规则。

1. 利益冲突规则包括的具体内容

世界银行采购政策中的“利益冲突”规则主要包括贷款项目咨询顾问聘请中的利益冲突规则，土建工程投标人的利益冲突规则和招标评标中的利益冲突规则。前两个主要在世界银行采购规则中的《世界银行借款人选择和聘请咨询顾问指南》（以下简称《指南》）[①]和《世行贷款项目土建工程标准招标文件范本》（以下简称《范本》）的“投标人须知”部分[②]中加以规定，而第三个则贯穿于整个采购政策中。

（1）贷款项目咨询顾问聘请中的利益冲突规则。[③]

贷款项目咨询顾问聘请中的利益冲突规则也即《指南》中的利益冲突规则。

《指南》的适用范围是：在利用世界银行贷款进行采购过程中的“知识性和咨询性服务，不适用于其他以物质方面占主导地位的服

① 《世界银行借款人选择和聘请咨询顾问指南》2004 年版，第 1.9 条。https：//www.doc88. com/p-9149496536722. html.

② 世行贷款项目土建工程标准招标文件范本［EB/OL］. http：//www. doc88. com/p-995336108 8445. html.

③ 余方，李磊. 世界银行采购政策中的利益冲突规则及我国相关立法借鉴［J］. 商业时代，2010（30）：103-104.

务”。结合该《指南》的第1.3条的规定，咨询性服务主要包括工程项目咨询、建筑咨询、管理咨询、采购检验代理、审计等服务，这些服务从性质上说，一般属于中介服务。而这些中介服务引起了世界银行的高度重视，并专门制定了相关的指南。在《指南》中，世界银行提出了“利益冲突”的概念及相关规则。提出该规则的主要目的在于“要求咨询顾问提供专业的、客观的、公正的意见，并且在任何时候都将委托人的利益置于最高位置，而不考虑未来的工作；要求他们在提供建议时应避免与其他任务或其本公司利益发生冲突”①。

一是提供咨询服务与提供货物、工程施工等之间的利益冲突。某公司已被借款人雇用为某项目提供货物或土木工程施工或咨询服务以外的其他服务，则该公司及其任何附属机构将无资格为同一项目提供咨询服务；相反，如一公司已被雇用为某项目的准备或实施提供咨询服务，则该公司及其任何附属机构将无资格接着为同一项目提供与该咨询任务直接相关的货物或工程施工或服务（指咨询服务以外的其他服务）。②

二是咨询服务任务之间的利益冲突。咨询人（包括其人员和分包咨询人）不应被聘用从事任何在性质上可能与咨询人的另一项任务有冲突的咨询工作。例如，被聘用为某基础设施项目进行工程设计的咨询人不应被聘用来为同一项目准备一份独立的环境评审报告；为某雇主准备公共资产私有化方案的咨询人，既不应购买该资产，也不应向该资产的购买者提供建议。③

三是咨询人与借款人工作人员的利益冲突。与借款人的一个人员（或项目实施机构的一个人员，或贷款的受益人）有工作关系或

① 《世界银行借款人选择和聘请咨询顾问指南》2004年版，第1.9条。https://www.doc88.com/p-9149496536722.html.

② 《世界银行借款人选择和聘请咨询顾问指南》2004年版，第1.9条。https://www.doc88.com/p-9149496536722.html.

③ 《世界银行借款人选择和聘请咨询顾问指南》2004年版，第1.9条。https://www.doc88.com/p-9149496536722.html.

家庭关系的咨询人（包括其人员和分包咨询人），而该借款人的这个人员直接或间接地参与了编制该合同的任务大纲，选择该合同的咨询人，或监督该合同的实施，除非这种关系所产生的利益冲突在选择过程和合同实施中得到解决并为世界银行认可，否则借款人不得聘用该咨询人。①

四是不公平竞争的优势。选择过程的公平和透明要求为某一特定咨询任务提供咨询服务的咨询人或附属机构不能从已经提供与该任务有关的其他服务处获得竞争优势。为此目的，借款人应该在建议书征询文件中向短名单中的全部咨询人提供使得该咨询人获得竞争优势的全部信息。

世界银行的政策要求咨询人提供专业性的、客观的、公正的意见，并且在任何时候都将雇主的利益置于最高地位，对未来工作不加任何考虑，并在提供服务时避免与其他任务或其本公司的利益发生冲突。如任何咨询任务与某咨询人以前或现在对其他雇主的义务发生冲突，或可能将其置于不能以借款人的最大利益为出发点来履行其咨询任务的话，不应为此任务聘用该咨询人。②

（2）土建工程投标人的利益冲突规则。

土建工程投标人的利益冲突规则也即《范本》适用于利用世界银行贷款进行的土建工程项目招投标。根据该规则，投标人之间不应该有利益冲突，所有被发现有利益冲突的投标人都将被宣布为不合格。如果存在以下情况，投标人将被视为与其他的一方或多方具有利益冲突：

①具有共同的控股股东（彼此之间具有直接或间接的隶属关系），彼此之间直接或间接地接受或收到补贴；②本次投标的法定代

① 《世界银行借款人选择和聘请咨询顾问指南》2004 年版，第 1.9 条。https：//www.doc88. com/p-9149496536722. html.

② 杨大伟. 世行贷款项目招标投标中的合格性和利益冲突［J］. 中国招标，2007（48）：24-26.

表人相同；③彼此之间具有直接或间接的关系，或者通过共同的第三方有关系，使其有条件获得影响其他投标人的信息，或影响本次招标方的决定；④在招标阶段，一个投标人进行了多于一个合同标段的投标，“一标多投”将导致其在本次招标所涉及的所有投标都不合格，但此规定并不限制在多个投标中包含有同一个分包商；⑤投标人一旦作为咨询公司参与本招标阶段工程的设计及技术准备，将被认为有利益冲突；⑥投标人不应与业主或借款人为合同雇佣的（或可能被雇佣的）拟担任工程师的公司或实体有关系。[①]

2. 利益冲突规则的主要特点

世界银行对贷款项目的监管不仅体现在对项目本身招投标过程、建设过程的严格监管，还将视野拓宽到了中介服务，即咨询顾问服务。

投标人的利益冲突的范围广泛，包括了具有隶属关系、同一个法定代表人、同一个控股股东等。这些内容在世行的土建项目投标人规则中被认为具有利益冲突而被禁止。

由于世界银行贷款的优厚条件，各国为了获得相关贷款，几乎都认可了世界银行的相关规则，有的甚至直接规定，可以适用世界银行规则。[②]

总之，世界银行采购政策中的“利益冲突”规则体系，是我国争取世界银行项目必须对接的规则体系，对丰富我国招投标立法，完善我国防止利益冲突立法有着准据法的意义。

（三）小结

从联合国系统及其他各类国际组织防止利益冲突制度建设的总

① 余方，李磊. 世界银行采购政策中的利益冲突规则及我国相关立法借鉴［J］. 商业时代，2010（30）：103-104.

② 余方，李磊. 世界银行采购政策中的利益冲突规则及我国相关立法借鉴［J］. 商业时代，2010（30）：103-104.

体情况来看，制度建设不断取得进步，呈现出走向繁荣的发展趋势，但我们也应清醒地认识到制度建设中还存在一些亟须改进的问题，这些存在的问题为理论研究和实践探索提供了空间，我们应抓住机遇，深入研究，寻找深层次的障碍与原因。

一是大部分国际组织、国家和地区的利益冲突制度建设偏重公共领域与公职人员的防止利益冲突制度建设，忽视对私人领域防止利益冲突的研究。当然，近年来，情况有所好转。这与美国《反海外腐败法》域外效力的大肆扩张不无关系。对我国的研究者来说，在参与“一带一路”建设和国际投资、经贸活动中，如何建立健全防止利益冲突制度是未来的发力点之一。

二是部分专家学者对《联合国反腐败公约》利益冲突制度建设的重要和深远意义的认识和重视程度不够。《联合国反腐败公约》生效以来，国内外专家学者对其关注焦点大都集中在定罪和执法、国际合作以及资产追回等反腐败工作上，而对于预防措施，特别是预防措施中的利益冲突制度给予的关注度和注意力却不够。① 尤其是我国，在 2014 年之前，防止公职人员利益冲突的研究是热点之一，但 2014 年之后，学界对防止利益冲突制度的研究又开始沉寂起来。对世界银行等国际金融机构的防止利益冲突制度更是关注不够，这与我国当前方兴未艾的金融领域反腐败工作相脱节，值得我们注意。

三是从实践来看，我国对《联合国反腐败公约》中的核心概念——利益冲突，似乎重视不够，我国在推进反腐败国家立法时，仍然把反腐败立法与防止利益冲突立法当成“两张皮”，远没有将防止利益冲突制度作为反腐利器而设计，更没有挖掘出防止利益冲突制度本身蕴含的效能。客观地说，我国设计出来的防止利益冲突制度很难与国际接轨，因而，值得我们反思我们以往的研究，重构我国的防止利益冲突制度。这一逻辑也适用于我们对代表性国家的相关研究。

① 刘忠.《联合国反腐败公约》视域下私营部门利益冲突问题研究［D］. 大连：大连海事大学，2011.

第二章　若干代表性国家防止公职人员利益冲突立法研究

一、代表性国家防止公职人员利益冲突立法概览

在公共权力运行过程中，公共权力的行使者（包括个人、部门或集团）受其自身因素的影响，所代表的公共利益可能与其自身利益发生某种抵触。这种潜在的利益冲突如果不能提前阻断，就可能演变为现实的腐败行为。因而，20 世纪 90 年代以来，国际组织以及许多西方发达国家普遍将防止利益冲突作为有效预防腐败的前瞻性策略。

“利益冲突”的概念出现得比较早。据不完全统计，“利益冲突”概念起源于，或者说开始流行于“二战”时期，是由美国人提出的。1942 年 3 月 31 日，美国代理司法部长查尔斯·法希给战争部长写了一封信，对允许一位军官和他拥有股份的一家公司保持联系的建议提出了自己的看法。他认为这样势必会导致美国政府、作为国家军队一员的军官以及作为私人公司股东的军官，这三者之间的利益冲突。[①] 防止利益冲突立法的起源更早，大约开始于 1766 年瑞典制定的《家庭财产公示规则》，虽然没有出现“利益冲突”字眼。

① ［美］马国泉. 行政伦理：美国的理论与实践［M］. 上海：复旦大学出版社，2006：13.

防止利益冲突立法的历史，按照其演进特点来分，可分为如下几个阶段。[①]

（一）滥觞时期（1766 年至 20 世纪 50 年代）

瑞典是最早开始防止公职人员利益冲突实践的国家。1766 年，瑞典出台了世界上最早的家庭财产收入公示法——《家庭财产公示规则》，让公民查看官员财产。这在当时是一项创举，它能有效监督官员，使其不敢做坏事。

美国也是较早通过立法防止公职人员利益冲突的国家之一。因为当时美国的腐败现象比较严重，腐败类型主要是欺诈与谋利行为。如，1853 年，美国国会通过了一项针对财政部的欺诈行为的法律。[②] 1864 年 6 月 11 日，国会又通过了一项法律，禁止联邦政府官员和雇员，包括国会议员，通过提供与对美国的起诉有关的服务而得到报酬。[③]

英国是世界上第一个制定反腐败法律的国家，也是较早开始防止公职人员利益冲突立法实践的国家。1883 年，英国颁布《净化选举防止腐败法》。1889 年，英国颁布《公共机构腐败行为法》，该法规定，公共机构的任何人被严格禁止在与公共机构有关的任何交往过程中收受或者要求收受、同意收受，或承诺、提供任何形式的礼物、贷款、费用、酬劳或利益。同时，还规定了严厉的惩罚：违者处以 6 至 7 个月的监禁，还可加上不设上限的罚款，等等。[④] 这些条款的内容无不包含对公职人员的限制和惩处。1906 年，在修改《公共

① 聂资鲁. 防止公职人员利益冲突立法的理论与实践［J］. 中国法学，2013（6）：152-165.

② Robert N. Roberts. White House Ethics, the History of the Policies of Conflict of Interest Regulation［M］. New York, Westport, Connecticut, London: Greenwood Press, 1988: 9-12.

③ 周琪. 美国的政治腐败和反腐败［J］. 美国研究，2004（3）：45-69.

④ 刘骁. 我国公务员伦理制度建设研究［D］. 沈阳：中国医科大学，2013.

机构腐败行为法》的基础上，颁布了《防止腐败法》。1916 年又将《防止腐败法》的适用范围扩大到一切地方性和公共性机构。[①]

此外，法国于 1946 年 10 月制定了《公务员总章程》。

这一时期的立法，主要集中在财产公示、申报以及一些禁止性的规定上。客观地说，上述立法实践还谈不上是严格意义的防止利益冲突立法。

（二）发展时期（20 世纪 60 年代至 80 年代）[②]

1962 年，美国国会通过了《联邦利益冲突和贿赂法》。

1978 年，美国国会通过了《政府道德法》。

1989 年，美国国会通过了《道德改革法》，把《政府道德法》适用范围扩大到行政、立法和司法三大机构工作人员。

1989 年和 1990 年，美国政府颁布了《政府官员及其雇员的行政伦理行为准则》。

二战后，英国颁布的法令中大多有针对政府官员利益冲突和腐败行为的条文。

20 世纪 70 年代，英国针对高级官员制定了一项“利益声明”制度。

上述国家的立法实践，反响很大。

① 李国花，李志勤. 部分国家反腐败法比较［J］. 天津市政法管理干部学院学报，2006（4）：39-42.

② 聂资鲁. 防止公职人员利益冲突立法的理论与实践［J］. 中国法学，2013（6）：150-163.

（三）大发展时期（20 世纪 80 年代至今）

以下列代表性国家[①]为例说明这一时期的立法发展情况。

1. 美国

1989 年 4 月，布什总统签署了《政府范围伦理法》。[②] 11 月，布什又签署了国会通过的一揽子《道德改革法》。[③] 1985 年颁布了《美国众议院议员和雇员道德准则》，1992 年联邦政府道德署颁布了《行政部门雇员道德行为准则》等。1987 年 5 月颁布了《美国国防部人员行为准则》，制定了适合本部门的具体的道德规范及其实施办法。目前，美国的防止利益冲突法律制度已成体系。

2. 墨西哥

为防止腐败，墨西哥在立法方面做了不少探索，取得了不错的效果，对我国有借鉴意义。1993 年 11 月，墨西哥建立了公务员财产申报制度，实行任职回避制度。墨西哥法律规定，在政府中担任重要职务的官员，不得安排其亲属在自己所管辖的部门担任领导职务，或利用职权为这些亲属的职务升迁、晋级大开方便之门。同时，也不准国有企业同政府官员亲属所办的企业和公司签订承包或其他经济合同，以避免行贿受贿或偷工减料等舞弊现象的发生。2002 年 6 月，墨西哥通过了《公共部门信息公开及获取法》（简称《信息公开法》）。对公务员一般的渎职行为，墨西哥法律规定了警告、严重警告、停

---

① 美国、墨西哥，英国、法国、德国，韩国、日本、新加坡，南非、埃及，分别代表了美洲、欧洲、亚洲、非洲的防止利益冲突制度发展的情况。

② Ann Devoy. Bush Offers Proposal on Ethics, Pay [N]. Washington Post, 1989-04-12 (A1).

③ Robert N. Roberts and Marion T. Doss. From Watergate to Whitewater: the Public Integrity War [J]. Choice Reviews Online, 1998, 35 (7): 35-41, 79.

职、开除、经济制裁、暂时解除职务等六种处罚方法。[①]

3. 英国

从1994年开始，英国政府制定了一系列的制度以规范公职人员行为。[②] 1999年，颁布《公务员行为准则》，2001年，颁布《大臣行为规则》，希望每个公务员自觉遵守，有效地防止利益冲突。此外，《议员权益登记制度》也规定，不得接受款待以及提供价值超过本人薪水0.5%的物质利益等。1999年，英国签署了经合组织的《关于公共官员受贿的协议》，将其纳入国内法。2003年，英国在修订的基础上，颁布了新的《反腐败法》。2003年7月，根据一些批评和建议，英国政府对《反腐败法》又开展了新的起草工作。[③]

4. 法国

法国不断对公务员的兼职及营利活动进行严格限制，违反者将以触犯刑律论处。类似的法律和法规还有《法国公务员总章程》《公务员道义法规》和《道义总法规》等，这对防止和及时发现利益冲突起了重要作用。[④]

5. 德国

德国注重加强反腐败制度建设，先后制定和修改完善了《德国刑法典》《公务员法》《反腐败法》《利益法》《回扣法》《关于联邦管理部门反腐败的行政条例》《廉洁从政规定》《公务员行为守则》《关于在联邦行政机构防范腐败行为的条例》等。2006年初，德国颁布了《信息公开法案》，推行政务活动阳光法则。德国这套健全的防止利益冲突的法律体系，促使公职人员把全部精力都放在本职工作上，不得以权谋私。《利益法》《回扣法》禁止公务员接受礼品和经

---

① 许道敏. 墨西哥：注重从具体问题入手抓反腐［EB/OL］. http：//www. gdbb. gov. cn/detail. jsp? infoid=2831.

② 参见：孙晓莉. 国外廉政文化概略［M］. 北京：中国方正出版社，2007：30-31.

③ 孔祥仁. 英国防止以权谋私的“利益声明”制度［J］. 先锋队，2006（18）：12-13.

④ 孙晓莉. 法国反腐败的主要战略［EB/OL］. http：//www. lianzheng. com. cn/c34709/w10224375. asp? cid=10224375&.

商，限制兼职和实行回避等。德国《联邦惩治警戒法》规定，公务员违纪处分有八种。《公务员行为守则》不允许公务员从事第二职业。①

6. 韩国

从20世纪70年代开始，韩国制定了一系列防止公职人员利益冲突的法律法规，并且不断加以完善和创新。这些法律法规为正确规范公职人员的从政行为提供了法制保证。韩国有关防止利益冲突的内容散见于韩国宪法和《国家公务员法》《公职人员伦理法》《〈公职人员伦理法〉实施令》《公务员服务规定》《公共机关信息公开法》《防止腐败法》等法律法规中。韩国《国家公务员法》确立了韩国公务员行为准则。1981年12月31日，韩国颁布《公职人员伦理法》，其中包括防止利益冲突的内容。1993年7月，韩国颁布《〈公职人员伦理法〉实施令》。8月12日，韩国总统发表实施金融实名制的命令，从此财产公示制度真正落到实处。韩国国会于2001年6月28日正式通过了《防止腐败法》，并于2001年11月29日公布了《〈防止腐败法〉实施令》。该法的主要价值在于预防腐败的发生。2003年2月，公布了《公务员保持清廉行动纲领》。

7. 日本

为规范公职人员公共行为，防范利益冲突，日本政府不断加强立法，出台了《国家公务员法》《为了确立政治伦理的国会议员资产公开法》《国家公务员道德法》等。日本还公布了《政治伦理确定国会议员资产等公开的法律》《禁止利用依据确立的政治伦理名义从事股票交易》《处罚利用公职而获得盈利的斡旋行为的法律》《信息公开法》等。②

---

① 滕德新. 德国反腐倡廉工作的几点启示［J］. 广州纪检监察研究，2010夏季号.

② 周实. 日本《国家公务员伦理法》：伦理道德与法的有机结合［N］. 中国纪检监察报，2010-11-29.

8. 新加坡

新加坡的《防止贪污法》（1960年）、《财产申报法》、《公务员法》、《没收贪污所得利益法》（1989年）、《公务员守则和纪律条例》和《公务员惩戒规则》（1970年）、《公务员指导手册》等，都涉及防止利益冲突的内容与规定。新加坡还将防止贪污的行政条文融入管理公务员行为和纪律的指导手册中。

9. 南非

1994年以后，南非非洲人国民大会主导的新政府制定了一系列预防和打击腐败的法律、准则。如，1994年设立了“公共保护者”。2004年4月颁布了《预防和打击腐败活动法》。还制定了《公共事务法》（1994）、《政府采购优先政策框架法》（2000）、《公共财政管理法》（1999）、《市政财政管理法案》（2002）、《促进获得信息法》（2000）和《促进行政公正法》（2000）。1997年公布了公共事务委员会制定的《行为准则》。[①]

10. 埃及

埃及的防止利益冲突立法主要包括以下几方面内容：埃及制定《阿拉伯埃及共和国国家文职人员法》，对文职人员的管理机构，公务员任命、考核、晋级，工作人员的责任和禁止事项、调查与惩戒、退职等作了全面、详尽和明确的规定。其中第11章和第12章中，含有多项防止利益冲突方面的法律规定，是法律化了的道德规范。为加强对公职人员的监督，防止利益冲突，埃及建立了财产申报制度。此外，埃及还于1962年颁布了《反非法所得法》，规定埃及行政监察署是调查处理非法所得行为的专门机构。

另外，为了保证公平、公正，在法律上禁止政府机构中的裙带关系，严禁官员为亲属开后门，建立官员回避制度成为世界大多数国家的普遍做法。

① 杨丽华. 南非的反腐败战略和机制初探［J］. 西亚非洲，2006（3）：26-28，810.

随着《联合国反腐败公约》的制定与生效，履约的义务又推动、催逼各缔约国不断建立健全防止公职人员利益冲突制度，因为《联合国反腐败公约》第7条第4款明确要求"各缔约国均应当根据本国法律的基本原则，努力采用、维持和加强促进透明度和防止利益冲突的制度"。

21世纪是国际社会防止公职人员利益冲突立法的空前繁荣时期。各国的防止公职人员利益冲突立法呈现出趋同化和一体化的发展态势，值得我们长久地关注与深入研究。

历史的回顾，是我们进行深入研究的宏观指引。我们的研究将从分析几个典型的国家防止公职人员利益冲突立法展开。

二、美国防止公职人员利益冲突立法与"反裙带"立法

（一）立法探索演进

美国是较早开始防止公职人员利益冲突立法的国家，也是较早让利益冲突入刑法的国家，还是唯一规定违反利益冲突规定将受到刑事制裁的国家。[①]

1853年，美国国会颁布一部法案，禁止联邦政府议员和雇员为美国南北战争时期的赔偿起诉问题提供私人帮助。这是防止利益冲突立法的萌芽。该法案于1948年在《美国法典》编纂中被整编至第18编第15章第283条"官员或雇员牵涉针对政府索赔诉讼"。

内容涉及防止利益冲突的原1863年法案于1948年在《美国法典》编纂中被整编至第18编第23章第434条"利益相关人员担任政

① 孔祥仁. 防止利益冲突，从高官做起：美国、英国案例解析［J］. 河南社会科学，2012（2）：1-5.

府人员”。

内容涉及防止利益冲突的原1864年法案于1948年在《美国法典》编纂中被整编至第18编第15章第281条“国会议员、官员和其他人员为酬金而影响政府公务”。

内容涉及防止利益冲突的原1872年法案于1948年在《美国法典》编纂中被整编至第18编第15章第284条“取消前官员和雇员参与和其原职务有关的事项的资格”。

内容涉及防止利益冲突的原1917年法案于1948年在《美国法典》编纂中被整编至第18编第93章第1914条“政府官员和雇员的薪酬只能由美国提供”。

美国在1908年制定了第一部利益冲突法，禁止国会议员和政府之间签订商业合同。美国参议院对于利益冲突的解释包括所有的公共权力，认为所谓的利益冲突是“一个公共官员为了个人利益和私人企业交往，并且利用他的公共职位促进和帮助这样的企业”。利益冲突法禁止的行为包括：一个选举产生的官员接受幕后者的大量捐赠，一个议员在特定的利益集团做获利的演讲，一个建筑质量监督官员接受承包商的礼物，政府职能部门的官员在他所管辖的企业范围内为自己的未来安排职业，等等。

1946年，美国制定了关于在国会游说的法律，规范被称为“走廊议员”的利益集团的说客的行为。

20世纪50年代，美国国会正式立法禁止联邦官员代表政府同与自己有直接利益关系的企业交往。

1962年，美国87-849号公法（Public Law 87-849）将利益冲突罪编入职务犯罪体系，集中于第18编第11章第203—209条，并将该章的章名变更为“贿赂、不法馈赠和利益冲突”。在该章的21个罪名中，利益冲突罪的罪名就有6个，且均做出了体系性的调整，第205条（原第283条）的适用范围，扩大至整个政府事务；第207条（原第281条）将离职后的禁止范围，从索赔诉讼，扩大至几乎所有可以由代理人参与的政府事务。

1971 年，美国制定了竞选财政法，规定竞选者接受政治捐赠的数额，并且规定议会成员和政府官员每年演讲或者写文章所得的酬劳和稿费不得超出 25000 美元，每次不得超出 2000 美元。利益冲突规则也适用于司法权力。其含义是法官不能利用自己仲裁人的角色为自己谋取任何形式的私利。在案件审判之前与当事人或者当事人的律师接触，接受当事人的宴请或者礼物，都属于“利益冲突”的范围。①

1978 年，美国联邦政府制定了包含防止利益冲突内容，旨在保持并提高政府及官员从政廉洁性的《政府道德法》。还专门成立了政府道德署，专司政府廉政建设，负责廉政法规制定及其宣传教育、财产申报及利益冲突管理等。② 1989 年，《政府道德法》修订为《道德改革法》。

除了在《美国法典》中规定利益冲突犯罪外，美国于 1992 年还专门制定《基本利益冲突法》，规定了 5 种利益冲突的犯罪及相应的刑罚。如，规定公职人员亲自实质参与任何他明知牵涉到自己、自己配偶、合伙人或与自己有关的组织的财务利益的特定事务，处以 1 万美元以下罚金或 2 年以下监禁，或者两项并处。③

1992 年，美国联邦政府道德署专门编撰了《行政部门雇员道德行为准则》，在礼品、财务冲突、职权行使、兼职、职外活动等多方面做出了详细规定，并附上了几十个判例。此外，全美 50 个州政府都制定了廉政准则和道德规范。

通过数十年的努力，美国逐步构建了较为完备的防止利益冲突制度体系。

---

① 信春鹰. 反腐败之本：约束公共权力［J］. 政治学研究，1997（4）：1-8.

② 孔祥仁. 防止利益冲突，从高官做起：美国、英国案例解析［J］. 河南社会科学，2012（2）：1-5.

③ 高石，陈欣，丁雨晴. 美国反裙带法，半个世纪避不开争议［N］. 环球时报，2017-01-12.

（二）立法框架与体系分析

1. 防止利益冲突法律体系

美国的防止利益冲突法律体系大致分为三部分。

（1）关于“利益冲突”犯罪的“定罪与处罚”的刑事法律。

《美国法典》第 18 编“贪腐、贿赂和利益冲突”章节中专门对“利益冲突”犯罪行为及其处罚作了详细规定。

一是实施有损公共事务罪。第 204、205 和 207 条分别严厉禁止国会议员在美国联邦索赔法院或联邦巡回上诉院从事法律业务，高级职员和雇员在协助国家索赔诉讼中接受任何报酬，行政和立法部门的前官员、雇员和民选官员试图在离任限制期内就某一特别事务对任何部门及其公职人员施加影响。①

二是非法收受报酬及薪酬罪。第 203 条既不允许国会议员、官员从事代理服务直接或间接索取报酬，也不允许其他人向他们许诺或提供代理报酬。第 209 条还规定一般情况下不允许公职人员从美国政府以外的来源收取任何薪水、捐款或补偿金作为工作报酬，其他人也不能以任何方式对其补贴薪水。

三是以权谋私罪。第 208 条不允许以公职人员身份通过决策、审批等任何方式，亲自并实质性参与同自己及配偶、未成年子女以及合作伙伴的组织等有关的影响个人财务利益的特别事项。第 210 和 211 条既禁止公职人员提供任命到政府办公室工作的机会，也不准他人接受或者寻求获得任命官职的行为。

四是规定了强制惩处办法。凡是触犯上述涉及利益冲突犯罪行为条款，都将处 1 年内监禁或判处罚金或两者并罚，对于蓄意犯罪的

① 蔡小镇，张存达. 美国联邦政府公职人员利益冲突的制度约束与实施机制［J］. 南京师大学报（社会科学版），2016（2）：23-30.

处 5 年内监禁或判处罚金或两者并罚，并且为提高震慑力，还规定司法部部长对违法行为可以提起民事诉讼，这些处罚可以与其他法律法规的处罚同时进行。

（2）以预防利益冲突逾矩行为为主的伦理法规。①

到 20 世纪 70 年代末，美国转向事前预防的制度设计理念，掀起了从政道德的法制化进程，1978 年出台第一部专门性伦理法规《政府道德法》，1989 年出台《道德改革法》，将国会议员也进一步纳入了规制范围，旨在帮助联邦政府变成一个公开的、诚实的、不为利益冲突困扰的政府。这一伦理法规体系中关键之处有三点。

一是建立财产申报制度，提前揭露公职人员的财务经济利益。要求包括总统、副总统在内的政府高级官员，在就职前 30 天以内以及离职时，都要向公众公开涵盖本人、配偶和子女的财产及收入、买卖交易、股票、债务等财务具体来源、数量及属性状况。某些涉及敏感领域的中层官员财务状况虽不需向公众公开但必须向主管部门秘密报告。如果报告显示私人经济利益具有俘获和侵害公共利益的潜在可能性，则要求合理采取资产剥离、自动放弃或自愿信托等方式进行资产处理，提前规避以权谋私风险。

二是建立特别检察官制度，独立调查和起诉高级官员的违法失职行为。当司法部部长在结束初步调查时发现事项需进一步调查或控告，或超过 90 日因缺少事实依据未完成的，应当任命一名独立于立法、行政、司法系统之外的特别检察官继续调查，无充分理由不得撤换。其职权包括：享有独立行使所有调查和诉讼权，向联邦法院提出证人豁免或传唤权，人员岗位设置及发放必要补贴的组织人事权，等等。如今司法部在调查高级公职人员的敏感案件中发挥着不可替代的作用。

三是进一步限制公职人员离职后的“旋转门”行为。对《美国

① 蔡小慎，张存达. 美国联邦政府公职人员利益冲突的制度约束与实施机制［J］. 南京师大学报（社会科学版），2016（2）：23-30.

法典》中的离职限制条款进行了修订，针对离职后的政府部门前公职人员，永久限制其代理特殊事宜，两年内限制其前职责范围内的特定事宜以及一年内限制其协助或咨询行为。同时，限制离职后重新就业的问题，禁止前高级联邦官员在离职后一年内，代表利益集团游说其工作过的前政府部门或与其签订合同。

（3）以规避利益冲突风险行为为主的配套法规与实施细则。①

到20世纪90年代，美国联邦政府立法、行政和司法各部门依照上述伦理法律体系制定了相关配套的法规及其实施细则。其中，最重要也是最具代表性的当属1992年政府道德署颁布的《行政部门雇员道德行为准则》，对一系列易发生利益冲突的行为进行了限制，内容翔实并附有可操作性强的大量司法判例，形成对重点风险领域“精准”防治的行为导向。这些行为限制主要包括：

一是严控礼品收受行为。规定每次不超过20美元，来自同一机构或个人的礼品每年累计总额不超过50美元，禁止雇员利用其公职身份违规索取或收受外来礼物。除了总价值低于10美元的非现金物品、办公室分享食物与饮料等非频发的类似例外情形，禁止雇员向上级赠送或接受下属赠送的礼物。

二是回避引起质疑的经济利益。雇员在未授权情况下，应避免与利益相关人发生财务关系，回避产生直接或可预期受益的特定活动；同时，政府雇员以及他的配偶和未成年子女也不能获取引起社会公众对其公正性和客观性产生怀疑的财务利益。如联邦通信委员会禁止他们的员工在任何公司拥有电信通信的股票等。

三是严格限制介入政府外部活动。在未获得事先批准的情况下，雇员不得介入与其公职有冲突的外部就业或任何其他活动。无论有没有报酬，雇员都不得作为专家证人参加实质性利益诉讼，不得从政府以外的任何来源获得与其公职有关的教学、演讲或写作的报酬。部

① 蔡小慎，张存达. 美国联邦政府公职人员利益冲突的制度约束与实施机制［J］. 南京师大学报（社会科学版），2016（2）：23-30.

分高级非职业性的雇员可以获得不超过其年度基本工资15%的外部收入，但不可以涉及信托关系、担任任何协会董事会董事等职务。此外，还对寻求兼职、滥用职权等风险行为做出了规制。

美国联邦政府通过出台并不断完善这一系列正式制度约束框架，为公职人员可能面临或已经发生的利益冲突行为设定了明确限制，有效地对20世纪后半叶以来频发的利益冲突政治丑闻进行了治理。

2. 防止利益冲突制度体系

美国的防止利益冲突制度体系主要包括以下几个方面的内容。①

（1）财产申报。

财产申报是发现和防止利益冲突的基本做法。它有助于提高公众对政府的信任度，帮助公众对政府职员执行公务情况做出判断。②

一是申报的形式与内容。美国的财产申报制度分公开申报和秘密申报两种。联邦行政部门必须公开申报的个人有：总统，副总统，GS-15级以上的雇员，包括高级行政官员和某些高级军官、行政法官、某些从事秘密职业或制定政策的官员、高级邮政官员、总统任命的某些在总统府任职的文员，共约2.5万人。公开申报由联邦政府道德署直接负责。申报内容包括个人以及配偶和未成年子女的财产状况，如股票、债券、共享资金、养老金、能带来收入的不动产、个人通过其他劳动和投资及奖励所获得的利益、接受礼品、住房及招待消费、本人在外任职情况以及为将来所做的安排和制定的个人协议等。③ 部分中层官员即GS-15级或者以下官员要进行秘密财产申报。他们的职务特点是：①在很大程度上与工程承包和物品采购工作有关系；②负责提供或监督拨款，承担审计和管理工作；③承担与其他社会组织的经济利益有直接影响的管理工作；④负责案件调查和起

① 陈善光. 美国防止利益冲突制度的概况与启示［J］. 中国监察，2013（2）：60-61.

② 孔祥仁. 防止利益冲突，从高官做起：美国、英国案例解析［J］. 河南社会科学，2012（2）：1-5.

③ 美国政府道德法、1989年道德改革法、行政部门雇员道德行为准则［M］. 蒋娜，张永久，邵丽琨，等译. 北京：中国方正出版社，2013：6.

诉工作。属此类的共约 25 万人，他们的财产申报由本部门专职人员负责，不予公开，申报内容与公开申报内容相似。[①] 这种有限公开既弥补了在公开上的缺失，又比完全公开形式更突出监督重点和隐私权保护。

二是申报的审查与问责。对拒不申报、漏报、无故拖延等情况，可以给予纠正、责令辞退等处罚；对故意提供虚假信息者，可判处 1 万美元以下罚金或者 5 年以下监禁，或者两项并处。如，1989 年，众议院议长詹姆士·赖特就因 69 次违反财产申报制度等而被迫辞职，成为 200 年来美国第一位因此辞职的众议院议长。[②]

（2）资产处置。

对于个人财产申报，廉政监督部门和人员要进行详细审查。美国联邦政府道德署甚至以此参与对总统提名官员的资格审查。在被提名官员的名字提交国会前，白宫和道德署首先对其个人财产申报表进行一次初审，检查是否存在着潜在的利益冲突。若存在则采取相应的补救措施。正式提名后，道德署还要进行正式审查，审查报告一并提交国会。

对于审查中发现的那些构成实际或者潜在利益冲突的资产，要进行处理。处理的形式一般有利益出售、利益委托（“盲目信托管理”）以及回避。以公平交易的办法卖掉资产，潜在的利益冲突随之消除，这是最有效的办法。如，1988 年，美国国务卿詹姆斯·贝克任职时就卖掉了他所持有的所有股票。若不愿出售，可委托他人代为管理经营。但是，这种委托是匿名的，即政府官员把其资产委托给他不知名的信托人。该官员因不知信托人而无法参与决策，一切由信托人做投资决策。这种信托一般由政府严格安排。固定资产还可以冻

① 美国政府道德法、1989 年道德改革法、行政部门雇员道德行为准则［M］. 蒋娜，张永久，邵丽琨，等译. 北京：中国方正出版社，2013：6.

② 陈善光. 美国防止利益冲突制度的概况与启示［J］. 中国监察，2013（2）：60-61.

结信托的方式委托出去。①

（3）利益回避。

美国《行政部门雇员道德行为准则》规定，禁止雇员以官方身份参与他知道对自己及其他关联人有经济利益的任何特定事项，其他关联人包括其配偶、未成年子女、合伙人或将来对其经济利益有影响的人。禁止具有一定亲属关系的人在同一机关或两者构成上下级关系的单位任职，禁止参与有关他们的任职、晋升、调动、惩处等事项。禁止一切可能有潜在利益冲突的兼职。对需要回避的事项，应如实向其主管报告，并提交一份回避的书面报告。即使不属于回避的范围，雇员若意识到某种关系可能会影响到自己公正处理某事，这时也应请求上级做出决定。鼓励雇员自行判断是否参与其公正性可能受到怀疑的事项。②

（4）行为限制。

主要包括在职行为限制和离职后行为限制。在职行为限制制度，包括对收受礼品、职权行使、外部就业、募款活动等行为的限制。其中，募款活动涉及与政党选举关系密切的政治献金问题。离职后行为限制制度，要求官员在退休或离职后的5年内，禁止到与其任职期间有工作关系或联系较密切的公司任职，禁止作为某公司的代表或代理与其原任职单位打交道，禁止代表他国对政府进行游说活动，禁止利用原掌握的内部信息谋取利益，否则将处以严厉刑罚。③

美国《政府道德法》规定了政府工作人员收受礼品的权限、范围和情形等。政府工作人员不能利用职权或从禁止来源直接或间接索要或收受利益相关人的礼品，不得做出让正常人联想到以权谋私

---

① 孔祥仁．防止利益冲突，从高官做起：美国、英国案例解析［J］．河南社会科学，2012（2）：1-5.

② 美国政府道德法、1989年道德改革法、行政部门雇员道德行为准则［M］．蒋娜，张永久，邵丽琨，等译．北京：中国方正出版社，2013：219-227.

③ 陈善光．美国防止利益冲突制度的概况与启示［J］．中国监察，2013（2）：60-61.

的收受礼物行为。[①] 禁止政府雇员给上级领导赠送礼品，禁止政府雇员从比自己工资低的雇员那里直接或间接收受礼品。禁止联邦政府公职人员索要或收受利益相关人的赠予，但允许合理例外。同时对日常赠送或交换礼物的情形也存在相应的例外规定，如雇员间每次赠送的礼品市值不超过 10 美元，现金除外；同事间在办公室分享食品和饮料的行为不受限制；在住所内可以提供私人性款待，以及接受私人性款待时赠送的物品。[②]

美国《行政部门雇员道德行为准则》规定了对离职官员的行为限制，20 世纪 90 年代初修订的《美国法典》第 18 编，将限制条款进一步法律化。联邦廉政署随后制定了实施细则，使之成为美国廉政体系的一个组成部分。

一是对所有行政部门官员离职后行为的限制。①任何政府官员或雇员离职后，永远不准就某项他在职时曾亲自和实质性参与的特定事项，故意担当他人的代理或律师在正式或非正式场合出面，或以施加影响为动机，与政府部门工作人员进行口头或书面联系。②任何政府官员或雇员离职 2 年之内，不准就其曾负有公务职责的特定事项，故意担当他人的代理或律师在正式或非正式场合出面，或以施加影响的动机代表他人与政府部门工作人员进行口头或书面的联系。③任何政府官员或雇员离职后 1 年内，不准就其离职前 12 个月期间亲自和实质性参与的贸易或条约谈判事项，故意利用内情做他人代表，或提供协助或咨询。[③]

二是对行政部门高级官员离职后行为的限制。高级官员包括：薪俸由第 5 编第 53 章第 2 分章所规定的官员，薪俸列入行政序列、基

---

① 美国政府道德法、1989 年道德改革法、行政部门雇员道德行为准则［M］. 蒋娜，张永久，邵丽琨，等译. 北京：中国方正出版社，2013：190-191.

② 美国政府道德法、1989 年道德改革法、行政部门雇员道德行为准则［M］. 蒋娜，张永久，邵丽琨，等译. 北京：中国方正出版社，2013：213-215.

③ 美国政府道德法、1989 年道德改革法、行政部门雇员道德行为准则［M］. 蒋娜，张永久，邵丽琨，等译. 北京：中国方正出版社，2013：99-100.

本工资相当于或大于行政级别第 5 级的雇员，总统、副总统委任的工资为 0~7 级以上的现役军官，以及政府特别雇员。他们除受一些正常的限制外，还要遵守下列规定：①任何政府高级雇员离职后 2 年之内，不准就其在职时亲自和实质性参与的事项故意协助，或提供顾问和咨询服务。②任何政府高级官员或雇员在离职后 1 年内，不准就某事项与原任职单位交涉，不论其过去是否曾参与此事。③任何政府高级官员在离职后 1 年内，不准代表外国实体（外国政府或政党），游说任何政府部门的官员或雇员，或为外国实体提供协助或咨询，以影响他们在执行公务时的决策。①

三是对特别高级政府官员离职后行为的限制。特别高级政府官员包括总统、副总统，薪俸为行政级别第 1 级的官员，在总统行政办公室供职、薪俸为行政级别第 2 级的官员，由总统或副总统按第 3 编第 105 条和 106 条任命的官员。他们除必须遵守第一项条款的限制外，还不准在离职后 1 年内，出于施加影响的目的，在任何事项中代表他人出面与政府任何原官员和现职官员联系，寻求官方行为。不准在离职后 1 年内代表外国政府或政党出面，或提供协助和咨询，以影响政府官员履行公务时的决策。②

四是廉政承诺。1993 年 1 月，克林顿签署 12834 号行政令，将一些限制期延长至 5 年。该行政令规定，联邦政府高级委任官（总统、副总统、基本工资为行政 5 级以上的各行政单位负责人）上任之始必须以合同的形式签订一份廉政保证书，承诺离任后严格遵守下列誓言：①离任 5 年之内不得游说原任职单位的任何官员或雇员；②如果被委派在总统行政办公室任高职，离任 5 年之内不得游说本人曾负有实质性责任的任何其他行政部门；③离任后永远不代表任何外国

① 美国政府道德法、1989 年道德改革法、行政部门雇员道德行为准则［M］. 蒋娜，张永久，邵丽琨，等译. 北京：中国方正出版社，2013：99-100.

② 美国政府道德法、1989 年道德改革法、行政部门雇员道德行为准则［M］. 蒋娜，张永久，邵丽琨，等译. 北京：中国方正出版社，2013：99-100.

政府或政党从事活动；④本人所亲自实质性参加的贸易谈判结束后5年内，不代表任何外国政府、政党或经济团体，或为其提供协助或咨询，来影响任何行政部门官员的决定；⑤上述所列条款对本人具有法律效力，对其他有关离职后行为限制的法律规定，本人也保证严格履行。[①]

五是处罚及其执行。美国法律将违反离职官员行为限制的活动规定为刑事犯罪，可处以严厉惩罚。任何人的行为构成违法的处以1年监禁，或5万美元的罚金，或两项并罚。蓄意从事上述违法活动的处以5年监禁，或5万美元罚金，或两项并罚。[②]

（5）道德行为准则。

1992年10月美国颁布了《行政部门雇员道德行为准则》。它包括九个部分的内容：公共服务的基本义务、定义、适用对象、纪律处分和纠正措施等细节性问题；允许收受外来礼物的原则及例外规定；雇员之间互送礼物的行为规制；财务利益的相关禁止性规定；维护公职人员履职的公正性标准；申请工作的政府雇员的行为规制；公职人员滥用职权的表现，包括以公谋私，对非公开信息、政府财产、公务时间的使用；规范了政府工作人员的外部活动，对兼职行为做出限制；规定了相关的行为准则。此外，本法在条文中提供了大量的实例，更便于参照实施。[③] 代表性的内容有：

一是关于礼品的规定。本法中规定的“礼品”主要形式为外来礼物和同事间赠送的礼物。对于外来礼物，政府官员不能直接或间接地索要或收受具有不法来源或因公职人员身份获得的礼物，也应避免出现经常性收受小礼品的行为，防止普通公众认为行政人员在以

---

① 孔祥仁. 防止利益冲突，从高官做起：美国、英国案例解析［J］. 河南社会科学，2012（2）：1-5.

② 孔祥仁. 防止利益冲突，从高官做起：美国、英国案例解析［J］. 河南社会科学，2012（2）：1-5.

③ 美国政府道德法、1989年道德改革法、行政部门雇员道德行为准则［M］. 蒋娜，张永久，邵丽琨，等译. 北京：中国方正出版社，2013：58-73.

权谋私。不但如此，法律还规定了如何对不应接受的礼物进行合理处置。而对于同事间赠送的礼物，则规定既不允许下属向上级领导赠送礼物，又不允许收受来自比自己工资低的同事的礼物。同时考虑到同事这种来往较为密切的关系，还做出了例外规定，如在办公室里分享饮料或食物、自愿捐款等情形不属于法律所限制的范围。[①]

二是关于滥用职权的规定。除法定情形，政府公职人员不得利用职权赞同他人的行为或活动，不得利用职务优势赞同任何产品或服务，更不得利用公职身份向他人索要利益或财物。禁止公职人员利用未披露的信息谋取个人利益或从事相关财物交易，禁止与保护、保全政府财产相抵触的行为，禁止使用自己及下属的工作时间去从事与职责无关的事情。[②]

三是违法惩戒。《政府道德法》颁布后，美国设立政府道德署和专职道德官，对公职人员道德行为进行教育、规范和监督。道德署每四年一次对行政部门及官员的道德行为进行普遍审核，若有问题，或转送司法部门处理，或提请辞退、罢免，或责令限期整改。[③]

3. “反裙带”立法研究

防止利益冲突的一项重要的内容就是反裙带关系。

1967 年，《反裙带关系法》（亦称《罗伯特·肯尼迪法案》）出台。其立法初衷是针对裙带关系严重的邮政部门以及国会，应时任总统林登·约翰逊要求，作为美国联邦邮政改革法案的一部分通过，其主要内容如今已成为《美国法典》第 3110 条：“公职人员禁止在其服务或其可行使管辖权或控制的机构任命、雇用、提拔或者建议任

① 美国政府道德法、1989 年道德改革法、行政部门雇员道德行为准则［M］. 蒋娜，张永久，邵丽琨，等译. 北京：中国方正出版社，2013：190-191.

② 美国政府道德法、1989 年道德改革法、行政部门雇员道德行为准则［M］. 蒋娜，张永久，邵丽琨，等译. 北京：中国方正出版社，2013：211-213.

③ 陈善光. 美国防止利益冲突制度的概况与启示［J］. 中国监察，2013（2）：60-61.

命、雇用、提拔自己的亲属。”①

这部法律的出台与美国前总统约翰·肯尼迪任命自己年仅35岁的弟弟罗伯特·肯尼迪担任司法部部长有直接联系。当年对罗伯特的任命在美国掀起轩然大波。美国《纽约时报》发表社论说，“决定让一个年轻人担任要职不够明智，无论他多么聪明，多么年轻有为，对总统多么忠诚”；美国《国家》周刊直呼，“这是最赤裸裸的裙带关系案例”；《新闻周刊》感叹，正义遭到了践踏。半个世纪过去了，美国禁止裙带关系的法规仍然强大，足以防止明显的偏袒行为。

（三）立法模式：刑事立法与其他法律法规相结合的模式

刑事立法与其他法律法规相结合的模式（以下简称“刑事立法模式”）的特点就是在本国的刑事法中规定了利益冲突的犯罪以及刑罚的程序，同时在其他的行政法律、法规中又规定了防止利益冲突的措施。当今世界有很多国家都采用了这种立法模式，美国是其代表。

美国以刑事立法（《基本利益冲突法》）+伦理立法（《政府道德法》）等其他法律规范的立法模式，奠定了其在世界防止利益冲突立法史上的重要地位。美国防止利益冲突法律体系内容很完备，可操作性也极强。

20世纪80年代末，美国在《美国法典》第18编第11章“贪污、贿赂和利益冲突”中规定了利益冲突的犯罪及相应的刑罚。一是国会议员及特定的政府雇员在美国为一方当事人或美国在其中具有直接的实质利益的事务中直接或间接接受或同意接受、索取、要求、诱取、寻求补偿费，作为对自己或他人所提供的任何服务的报

① 高石，陈欣，丁雨晴. 美国反裙带法，半个世纪避不开争议［N］. 环球时报，2017-01-12.

酬，处以10000美元以下罚金或2年以下监禁或二者并处。二是立法、行政和司法部门的官员和雇员在控告美国政府的诉讼中担任代理人，因在该种控诉中提供了帮助而接受任何赏金、利益或分成；或者在有关规章、决定、合同、民事主张、争论、控告、诉讼、逮捕或者其他与美国利益有关的特定事务处理过程中作为代理人出现于政府部门、机构、法庭、军事法庭、官员、民事、军事委员会面前，处以10000美元以下罚金或2年以下监禁或二者并处。三是亲自或实质参与牵涉某一特定当事人事务的政府官员和雇员，在解雇后与该当事人建立代理关系；已解雇的官员和雇员将自己在职期间负责处理的且事实上悬而未决的事务在2年内告知有关机关；在1年以内政府前官员和雇员为了影响有关机构的各种程序而与有关机关进行接触，处以10000美元以下罚金或2年以下监禁或二者并处。四是立法、行政和司法部门的官员和雇员亲自或实质参与任何他明知牵涉到自己、自己配偶、合伙人或与自己有关的组织的财务利益的特定事务，处以10000美元以下罚金或2年以下监禁或二者并处。五是行政部门的官员和雇员从美国政府以外的其他来源中接受工资，作为对自己在职期间提供政府业务帮助的补偿费，处以5000美元以下罚金或1年以下监禁或二者并处。① 可见，该法实是一部刑事法。

同时，美国还有道德立法等其他法律规范与刑事立法相配合。在美国历史上，公职人员的诚信问题一直是一个令人关注的重大问题，也是一个屡屡遭公众诟病的尖锐问题。在民众的推动下，1958年7月，美国国会制定了《美国政府工作人员道德准则》。1965年，又制定了《政府官员和雇员道德行为准则》。1978年，制定了《政府道德法》，详细规定了官员财产申报制度，对如何避免受聘前的利益冲突行为予以明确。1989年《道德改革法》出台，提出了解决总统任命

① 转引自：朱向东．美国防止利益冲突的经验及其对我国的启示［J］．廉政文化研究，2012（1）：85-90；或参见：周振想．法学大辞典［M］．北京：团结出版社，1994.

的官员和其他联邦雇员的利益冲突问题的方法，① 还增加了对国会前议员和雇员游说国会的限制。② 1985 年的《美国众议院议员和雇员道德准则》，1987 年的《美国国防部人员行为准则》，1990 年的《政府官员及其雇员的行政伦理行为准则》，1992 年的《行政部门雇员道德行为准则》等，分别是一些适合本部门的具体的伦理规范及其实施办法。通过数十年的努力，美国逐步构建了较为完备的伦理法律体系。内容包括财产申报与公示、资产处置、利益回避和行为限制等方面。③

总之，美国的防止利益冲突立法建立在“公共雇员不应有任何可能造成利用官职来谋取私利的表现”理念之上，注重事前预防，针对的是潜在的损害。④ 美国的防止利益冲突立法模式是以刑事立法为主导，辅以道德立法等其他法律法规，内容还涵盖执行机构以及工作程序、相关配套制度等。

美国防止公职人员利益冲突立法与“反裙带”立法的经验，为我国提供了一个可资借鉴或参考的“立法范本”。

三、加拿大防止公职人员利益冲突立法研究

（一）立法探索演进

早在 1867 年加拿大联邦成立以来，腐败与利益冲突的问题就一

① Robert N. Roberts and Marion T. Doss. From Watergate to Whitewater: the Public Integrity War [J]. Choice Reviews Online, 1998, 35 (7): 35-41, 79.

② 周琪. 美国的政治腐败和反腐败 [J]. 美国研究, 2004 (3): 45-69.

③ 陈善光. 防止利益冲突美国有哪些“招数”[N]. 中国纪检监察报, 2013-12-20 (004).

④ 周琪. 美国的政治腐败和反腐败 [J]. 美国研究, 2004 (3): 45-69.

直存在。如联邦第一任总理麦克唐纳时期出现的“太平洋丑闻”。[①]这让加拿大人，包括联邦政府意识到了利益冲突的问题，但利益冲突问题在此后并没有引起联邦政府的重视。直到20世纪60年代时任总理莱斯特·皮尔逊的一封信函，才真正唤醒了加拿大人的“利益冲突”概念与意识。1964年，时任加拿大政府总理莱斯特·皮尔逊针对自由党的一桩丑闻致函各部部长，首次提出：“部长及其手下人员不能有着一个与其履行公职产生冲突的利益，即使这种利益是很遥远的。”[②]他首次建议制定一套官员的行为准则，避免和减少有损官员名誉和政府形象的事件发生。“利益冲突”的精准表述出现在2006年12月制定的《利益冲突法》中：“根据本法，公职机构负责人在行使其公职权力、职责或职能时，有机会谋求个人利益，或其亲属、朋友等人有机会谋求不正当的个人利益，则公职机构负责人处于利益冲突之中。”它将“以权谋私”和“裙带关系”等形式划入利益冲突范围内。

1973年，加拿大政府发表了《议员与利益冲突》绿皮书，明确了利益冲突的情形及防范措施，并在此基础上形成了《利益冲突指导原则》。该文件被认为是全世界关于利益冲突的最早立法雏形。该文件规定了公职人员在发生利益冲突境况下必须遵循的原则和处理规定。

1976年，加拿大政府制定了《公职人员离职后行为指导原则》。后来又制定关于防止因收受礼品而产生利益冲突的规定。

1979年，《利益冲突章程》的适用范围扩大至内阁部长一级。

1985年，马尔罗尼出任加拿大总理后，把《利益冲突指导原则》和《公职人员离职后行为指导原则》合为一体，形成了统一的《公

① 1872年，加拿大普选中由鼓吹兴建铁路的商人向加拿大保守党提供大约35万加元的资金。这一涉及范围很广的企图用金钱贿赂选举团的事件的曝光，导致麦克唐纳政府于1873年辞职。

② 孔祥仁. 国际反腐败随笔［M］. 北京：中国方正出版社，2006：258-259.

职人员利益冲突与离职后行为准则》。对政府官员的行为提出了新的更为严格的要求。如：内阁部长不准安排自己的家属在政府的下属部门就业；议会有权审查政府的人事任命；院外集团（对议员进行政治游说者）必须登记造册；制定离职内阁部长和公务员行为的新规定，以及加大对违规的官员的处罚力度；等等。

1994 年，修订《公职人员利益冲突与离职后行为准则》，明确本法可简称《利益冲突法》。取代原来分散的指导原则。任命廉政专员和成立公共部门道德署，专司廉政教育和咨询，调查违反准则的行为。该准则后来几经修改完善。①

2003 年，加拿大再次对这一法律进行修改并更名为《公共服务的价值与伦理规范》。新的规范把加拿大对公务人员包括议员和司法人员的所有规定汇总在了一起，非常庞杂、详细。

2006 年，加拿大政府最终制定了《利益冲突法》。该法于 2007 年 7 月 9 日起施行，加拿大政府对其进行的最近一次修改是在 2011 年 2 月。

《利益冲突法》包括前言和 5 个主体部分，一共有 68 个法律条文。前言涵盖了术语定义、适用主体和除外情形、立法目的等内容。主体部分包括利益冲突规则、管理和执行制度、保密报告制度、公开声明制度、公共登记制度、行政货币惩罚制度、对前公职人员离任后的规定；专员的行政管理、立法与权力；通用条款。②

针对 20 世纪 80 年代中后期连续发生的利益冲突事件，伊恩·格林（Ian Greene）在《利益冲突与加拿大宪法》一文中写到，加拿大起草利益冲突条例通常都是对一些丑闻的匆忙反应，很少能够去追溯它们的宪法依据。结果随着利益冲突事件继续发生，这些条例也变得更复杂。他认为，如果这些条例的宪法依据能够得到更好的理解，

---

① 孔祥仁. 利益冲突与预防腐败［J］. 澳门廉政，2004（12）：4.

② 聂资鲁，等. 域外防止公职人员利益冲突理论与实践研究［M］. 广州：世界图书出版广东有限公司，2017：30-56.

其中的很多事件都可以避免。①

安德鲁·斯达克（Andrew Stark）在《加拿大颠倒的公共部门伦理领域》一文中介绍了利益冲突的私有来源和公共来源两种形式，并通过与美国政治制度的对比，认为利益冲突在加拿大的议会制度下更容易产生。②

从《公务人员雇用法》《公职人员利益冲突准则》《公职机关利益冲突和离职规则》《公共服务的价值与伦理规范》《信息取得法》《信息公开法》，到2006年的《利益冲突法》，可见加拿大对公职人员的行为操守和利益冲突的规定越来越详细和完善。

加拿大在防止利益冲突方面不仅有完善的立法，而且有针对性的措施，取得了不错的效果。加拿大的立法为其他国家提供了借鉴。

（二）立法框架与体系分析

为了避免公务员陷入利益冲突，加拿大通过立法设定了公务员需要遵从的关于财产申报、资产处理、离职后行为限制等一系列制度措施，从而为公务员避免利益冲突建筑了坚固的制度屏障。

1. 公务员的职责规范与“机密报告”制度

公务员所应尽的职责有：（1）在履行其官方职责时，公务员应当安排好其私人事务，以避免产生实际的、明显的或可能的利益冲突。（2）如果的确在公务员的官方职责和私人利益之间出现冲突，解决此冲突时必须以有利于公众利益为出发点。（3）不利用公职之便，涉足任何与规章要求相悖的图谋私利的行为。（4）不索要或接

① Ian Greene. Conflict of Interest and the Canadian Constitution: an Analysis of Conflict of Interest Rules for Canadian Cabinet Ministers [J]. Canadian Journal of Political Science, 1990, 123 (2): 233-256.

② Andrew Stark. Canada's Upside-down World of Public-sector Ethics [J]. International Public Management Journal, 2005, 8 (2): 187-207.

受经济利益转让。(5) 不背离官方职责去协助私人机构或个人与政府做交易，从而使私人机构或个人享受优惠待遇。(6) 不故意利用任职期间所获得的、通常不对外公开的信息来谋取个人利益。(7) 不直接或间接使用，或允许他人使用任何类型的政府资产，包括政府租用的资产，去做任何官方批准以外的事情。①

为了使公务员更好地履行这些职责，加拿大政府规定公务员要向部门领导提交“机密报告”。机密报告主要说明公务员的资产、接受礼物、接受款待和其他利益问题，以及是否在外兼职或参与可能引起利益冲突的活动的问题。同时又具体规定了在可能出现其他形式的利益冲突时，部门领导与当事者又该如何处理。对于何种资产是必须写明、必须申报的，何种资产是不必申报的，在加拿大《公共服务的价值与伦理规范》的“附录一”当中作了相当详尽的说明。对在什么情况下可以接受礼物、款待和其他利益作了相当明确的规定。对公务员在外兼职或活动进行了明确的规定。“公务员可以从事公共服务以外的工作，或参加本职工作以外的活动，但该工作或活动不能引起利益冲突或破坏公共服务的公正性。当兼职和本职工作以外的活动可能使公务员服从于与官方职责不一致的需求时，或他们对能否以完全客观的方式履行他们的职责表示怀疑时，他们应当向部门领导提交一份机密报告。如果部门领导确认一个实际的、明显的或可能的利益冲突存在，部门领导可以要求公务员调控、修正或终止兼职和本职工作以外的活动。”②

2. 财产申报制度

如前所述，加拿大《利益冲突法》对公务员需要或不需要申报的财产都作了细致规定。按照规定，公职人员必须申报的财产主要包括：所持有的公开上市的企业和外国政府的证券；自我掌控的注册退

---

① 王伟. 公共行政伦理读本［M］. 北京：国家行政学院出版社，2005.

② 王伟. 公共行政伦理读本［M］. 北京：国家行政学院出版社，2005.

休储蓄计划（RRSPs）和注册教育储备计划（RESPs）；合伙企业、独资企业、联合企业或私人公司的股份；以营利为目的的农场业务经营；不是供公务员私人或其家庭成员使用的房地产；持有或以投机交易为目的的日用品、期货和外国货币；信托资产；为自己最亲近的家庭成员之外的人提供有担保或没有担保的贷款；直接或意外的债务；等等。《利益冲突法》同时规定，对于供公务员私人和家庭成员使用的资产，以及非商业的资产，则不要申报。如，公务人员个人及其家人使用的住宅、娱乐财产及农地；家庭物品及私人动产；艺术品、古董及个人收藏品；汽车和其他个人交通工具；现金及存款；受加拿大各级政府或其他政府机构保护的“加拿大储蓄债券”和其他类似的固定价值证券投资；非自我掌控的注册退休储蓄计划和注册教育储备计划；年金和人寿保险；退薪金；等等。①

3. 资产处理制度

按照规定，如果部门领导认为某资产与公务员的职责构成了真实的、明显的或潜在的利益，那么公务员在任职、调动或解聘后的120日内，要将构成实际或潜在利益冲突的资产处理完毕，或以公平交易的办法出售资产，或把资产委托给政府安排的信托人管理。防止利益冲突法规也特别指出，公务员不应该为避免服从上述规定，把资产销售或转移给家庭成员或其他人。②

4. 离职后行为限制制度

加拿大《利益冲突法》不仅对于在职公务员的行为有着严格规约，对于离职公务员再就业也有具体规定。为了避免新的工作与以前工作发生利益冲突，离职公务员在一年内，不允许接受那些与其离职前一年内，个人或其下属与官方有重要交易的董事会的任命或雇用；不允许代表那些与其离职前一年内，个人或其下属与官方有重要交

① 舒绍福. 加拿大防止利益冲突的做法与启示［J］. 行政管理改革，2011（7）：84-87.
② 舒绍福. 加拿大防止利益冲突的做法与启示［J］. 行政管理改革，2011（7）：84-87.

易的人的利益，去做与政府部门或组织有关的事情；不准提供给客户在其任职期间所掌握的、未曾向公众发布的有关项目或政策方面的信息。《利益冲突法》又规定，部门领导有权缩减或取消离职后公务员的雇用限制期。比如，可以根据离职公务员终止服务的环境，离职公务员的雇用前景，离职公务员由于个人职位所拥有的信息对政府的重要影响程度，以及离职公务员将自己所掌握的知识和技术从政府迅速转移到私人、其他政府部门或非政府部门的愿望等因素，决定是否缩减限制期。①

5. 利益回避制度

加拿大《利益冲突法》规定，凡是能够给公职人员带来或造成优惠的任何境况都应避免。该法指出，利益冲突的风险领域主要包括：参与外界活动；接受礼品、招待费和其他福利等馈赠；配偶子女及亲朋好友享受优惠待遇；个人投资；参与政治活动、决策；影响力的利用、内部信息和公共资源的使用；等等。②

6. 索贿限制制度

加拿大《公共服务的价值与伦理规范》规定，任何时候公务员都不应该索要礼物、款待、其他的利益，或来自他人的、私人团体或组织的与政府有交易的经济利益转移。同时还进一步规定，作为一个政府官员或政府雇员，除非得到其所在政府部门领导的书面允诺，他本人或通过他的家庭成员或通过其他任何人要求、接受（包括意图接受或同意接受）与政府部门有业务往来的个人的佣金、报酬，以及任何直接或间接好处与利益的行为，都将作为他犯罪的证据。③

7. 特殊待遇避免制度

加拿大《公共服务的价值与伦理规范》明确规定："当参与任何

① 舒绍福. 加拿大防止利益冲突的做法与启示［J］. 行政管理改革，2011（7）：84-87.
② 舒绍福. 加拿大防止利益冲突的做法与启示［J］. 行政管理改革，2011（7）：84-87.
③ 王伟. 公共行政伦理读本［M］. 北京：国家行政学院出版社，2005.

涉及安置职员的有关决策时，公务员应当保证不对家庭成员或朋友实行优惠待遇或给予优先协助。当作出一个会为其他团体带来经济奖赏的决定时，不允许公务员对家庭成员或朋友实行优惠待遇或给予优先协助。当提供某项帮助不属于公务员的官方职责时，未经上级长官的授权和同意，公务员不得向与政府有交易关系的个人或实体提供该帮助。公务员向亲戚朋友或与其利益相关的实体提供公众容易得到的信息，不会被认定为优惠待遇。”①

8. 利益冲突专员制度

利益冲突专员属于国会工作人员，独立于政府之外。专员的使命是根据利益冲突法规，为高级公务员和国会议员解决利益冲突问题，同时还为高级公务员和国会议员提供咨询服务，帮助他们更好地遵守相应的利益冲突法规，避免他们出现利益冲突、游说和行政不公等问题，以提升公众信任度。如果公务员在特殊情况下出现了利益冲突，就得向利益与伦理冲突办公室汇报并记录在案。②

9. 处罚制度

对于违反规定的公务员的处罚分为纪律处分、纪律以上的处分、解聘。③

（三）立法模式：专门立法和其他法律法规相结合的模式

专门立法是指一个国家立法机关制定专门统一的有关防止利益冲突的综合法，把实体法和程序法集中于一体，较完整地规定关于防止利益冲突的各项制度。

专门立法和其他法律法规相结合的模式以加拿大为代表。该种

① 王伟. 公共行政伦理读本［M］. 北京：国家行政学院出版社，2005：216.
② 舒绍福. 加拿大防止利益冲突的做法与启示［J］. 行政管理改革，2011（7）：84-87.
③ 王伟. 公共行政伦理读本［M］. 北京：国家行政学院出版社，2005.

模式的特点在于：以防止利益冲突专门法为主导，其他相关法律法规为辅助，形成一个相对完备的防止利益冲突法律体系。

20世纪70年代，加拿大首次将“利益冲突”引入法律和政治生活中，主要用于规制公职人员。在其影响下，利益冲突概念在国际社会反腐败建设中逐渐得到推广和应用。

加拿大以专门法《利益冲突法》加配套实施细则的立法模式，奠定了其在世界防止利益冲突立法史上的重要地位。加拿大防止利益冲突法的内容也极为全面，可操作性也极强。

20世纪60年代的加拿大，时常出现政府官员不廉洁的丑闻。为规范公职人员的从政行为，1960年，加拿大制定了《政府官员行为准则》。1968年，加拿大联邦政府从工商界纳新曾引发利益冲突。枢密院在调查后于1973年向议会提出了《议员与利益冲突》绿皮书，在此基础上形成了《利益冲突指导原则》，这被认为是利益冲突立法的雏形。此后，利益冲突问题被加拿大历届政府所重视。① 2003年，加拿大政府开始实施具有法规性的《公共服务的价值与伦理规范》，以指导公务员的职业行为。2006年，在前述立法的基础上，加拿大制定了专门法《利益冲突法》。之后，该法再三被修改，日臻完善。

《利益冲突法》的立法目的是更好地避免官员因追求个人利益而损害公共利益，保证官员廉洁从政。其内容全面，结构完整，包含防止利益冲突的实体规定和程序规定：术语、利益冲突规则、对前公职人员适用的规则、保密报告制度、公开声明制度、公共登记制度、行政货币惩罚制度等。该法有如下特点：一是严格规范公职人员的从政行为，防止个人利益与公共利益可能发生的任何实际或潜在的冲

① 孔祥仁. 防止利益冲突，从高官做起：美国、英国案例解析［J］. 河南社会科学，2012（2）：1-5.

突。[①] 二是对利益冲突的风险领域做了明确的划定，提醒公职人员避免一切利益冲突。三是科学设计了公职人员需要遵从的关于财产申报、资产处理、离职后行为限制等一系列措施，为公职人员避免利益冲突打造制度屏障。四是依法建立健全监督机构。加拿大依法在联邦和省市均创建了各级利益与伦理冲突办公室等机构，隶属于议会；设计了利益冲突专员制度，由利益冲突专员负责利益冲突法的实施，监督公职人员遵守并执行利益冲突法案。[②] 五是在条文之后还附有范例。

该法还与《公共服务雇用法规》《公共服务工作人员关系条例》《关于泄露内部信息的错误行为的处理方法》《财政管理法规》《公共服务的价值与伦理规范》《公职机关利益冲突和离职规则》《信息取得法》《信息公开法》《证人保护计划法》《加拿大外国公职人员腐败法案》等法律法规，相互配套协调，共同形成了加拿大防止利益冲突的法律体系。该法具有很强的操作性，使加拿大公职人员的腐败行为得到了有效的预防和控制。因而，该法在加拿大预防腐败立法史上有着极其重要的地位。

在加拿大，除联邦之外，一些省的议会和政府也根据本省行政官员道德行为的实际状况，制定了地方性廉政制度。如，安大略省和纽芬兰-拉布拉多省在1973年就同联邦政府一样颁布了政府官员八条行为准则。[③]

加拿大首创的专门立法模式，极大地影响和带动了其他国家推进防止利益冲突立法，也极大地推进了国际社会防止利益冲突立法。

---

① 参见：王辛敏. 加拿大政府官员预防腐败观察（之一）［J］. 中国监察，2008（4）：63-64.

② 舒绍福. 加拿大防止利益冲突的经验［EB/OL］. http：//www. chinadaily. com. cn/micro-reading/dzh/2011-05-09/content_2553545. html.

③ 参见：王辛敏. 加拿大政府官员预防腐败观察（之一）［J］. 中国监察，2008（4）：63-64.

四、英国防止公职人员利益冲突立法研究

（一）立法探索演进

现代西方国家的文官制度起源于英国。1870 年 6 月 4 日，英国政府颁布公开竞争考试制度的“枢密令”，标志着英国文官制度的确立。[①] 之后，英国开始对文官制度进行大刀阔斧的改革，收效显著，对推进反腐败立法是一个极大的助力。

世界上最早的反腐败立法也起源于英国。英国的反腐败立法最早可追溯到 13 世纪 70 年代，当时颁布的首个威斯敏斯特法令，明文禁止郡守和其他王室官员利用职务之便收受国王允许之外的报酬。[②]

1883 年，英国出台了《净化选举防止腐败法》,[③] 是世界上第一部针对官员财产申报的立法。

1889 年，英国政府制定了《公共机构腐败行为法》，是世界上第一部反腐败专门法。严格禁止公共机构成员主动或被动的贿赂行为。公共机构的任何人员被严格禁止在与公共机构有关的任何交往过程中收受或者要求收受、同意收受任何形式的礼物、贷款、费用、酬劳或利益，也严格禁止他们在此类事务中承诺或提供任何形式的礼物、贷款、费用、酬劳或利益。该法还规定：对犯有此类行为的公务人员可以处以 6 至 7 个月的监禁，还可加上不设上限的罚款；有的还可能被解除公职，并从犯罪之日起 5 年内不得担任任何公职。[④]

---

① 宋世明. 英国是世界上最早实行公务员制度的国家：强调通才，通专结合［N］. 人民日报，2010-12-01.

② 赵永仁. 英国的反腐与监督机制［J］. 中国人大，2014（15）：54-55.

③ 中央纪委法规室. 国外防治腐败与公职人员财产申报法律选编［M］. 北京：中国方正出版社，2012：10.

④ 代山. 英国与新加坡的反腐败立法［J］. 人民政坛，2014（11）：33.

1906 年，英国在修订《公共机构腐败行为法》的基础上，颁布了《防止腐败法》，将禁止公共机构成员贿赂的适用范围扩大到公共机构本身。[①] 如：关于公务员合同签订中的行为，如果有人在签订合同前获得优惠而给予或暗示给予礼物，公务员应当及时向上级报告这一情况；凡与正式合同有关的任何官员，均不得将自己的住址透露给合同对方。可以接受与本部门有日常工作联系的团体和个人的礼品和宴请，也可以接受重大节日（如圣诞节）的赠礼或宴请，但事后必须向主管部门或部门长官汇报，由其裁决是否有受贿因素，必要时予以纠正。规定政府官员不得接受对行使公务有影响的、需要回礼和回请的大额礼品或宴请，如果官员因此于事后做出对给予好处的当事人有利的裁决，便构成轻罪。[②] 1916 年英国对《防止腐败法》作了修订，进一步将适用范围扩大到一切地方性和公共性机构。

1925 年，英国制定了《荣誉法典》，又称《防止权力滥用法》，以规范议员和公务员（事务官）的从政道德，防止其滥用权力。《荣誉法典》明文规定了禁止公务员（事务官）滥用国家授予的权力获取利益。该法典沿用至今，对英国所有公务员（事务官）从政行为起着明确的指导与规制作用。[③]

1974 年，英国下议院通过《行为规范》，对议员的利益登记制度做了明确规定。[④]

1996 年，英国制定了《文官守则》(2006 年修订)。

2003 年 3 月，英国又颁布了新的《反腐败法》，将 1999 年英国签订的经合组织的《关于公共官员受贿的协议》纳入了国内法，同时规定该法的域外效力，又将禁止公共机构人员贿赂行为的适用范

---

① 世界部分国家反腐败立法概览［EB/OL］.（2011-09-23）. http：//www. lzfzjs. com/2011/0923/6145_3. html.

② 国忠. 英国：用制度规范官员人情交往［J］. 检察风云，2013（20）：17.

③ 孙曼如. 英国公务员道德立法及借鉴研究［D］. 上海：上海师范大学，2012.

④ 中央纪委法规室. 国外防治腐败与公职人员财产申报法律选编［M］. 北京：中国方正出版社，2012：527-528.

围扩大到涉及外国人的贿赂案件，即在境外的英国公民和公司的贿赂行为。按照该法的规定，英国公民或根据英国任何一个地区的法律注册设立的机构在英国以外的国家或领土上发生的贿赂行为都要受《反腐败法》的约束。①

2010年，英国颁布了当时世界上最严厉的反贿赂法律——《反贿赂法》。该法案在诸多方面较之前立法有明显创新，构建了更为严密且具有预防性的贿赂犯罪刑法治理体系。

围绕公职人员从政伦理和防止利益冲突，英国还先后制定了《公务员价值观》《司法行为指南》《公务员事务专员招聘守则》《大臣守则（内阁办公室）》《特别顾问守则（内阁办公室）》等一系列法律法规。②

英国还制定了相应的工作行为规范准则。《议员行为准则及指导细则》由《上议院行为守则》与《下议院行为守则》构成，从道德层面要求议员不能接受任何企图影响他们行为的酬金补偿或报酬，不得随意使用议会提供的费用、津贴、设施和服务，不得隐瞒任何与个人财产相关的活动。《公务员守则》针对不带政治立场的事务官员，规定他们必须对国忠诚，为人正直诚实，不能将个人利益置于职责之上，不能以权谋私等。③ 2001年颁布的《部长守则》要求高级官员在工作事务中对涉及的个人利益进行登记和声明。

英国还制定了《1911年官员保密法》《1920年官员保密法》《1989年官员保密法》《1990年关于1989年官员保密法（法令）修正案》《1993年关于1989年官员保密法（法令）修正案》《1994年官员保密规定（相关禁止行为）》《1994年官员保密规定（相关禁止行为）修正案》《2003年关于1989年官员保密法（法令）修正案》《2007年关于1989年官员保密法（法令）修正案》等来限制公

① 代山. 英国与新加坡的反腐败立法［J］. 人民政坛，2014（11）：33.
② 孙曼如. 英国公务员道德立法及借鉴研究［D］. 上海：上海师范大学，2012.
③ 孙曼如. 英国公务员道德立法及借鉴研究［D］. 上海：上海师范大学，2012.

务员违规利用政府信息。①

上述所有的法律法规，都含有防止公职人员利益冲突的内容，以“利益登记”与“利益声明”为核心制度，英国构建起体系化的防止利益冲突法律体系。

（二）立法框架与体系分析

概括而言，英国防止利益冲突法律框架由以下内容组成。

1. 公务员行为准则

面对公务员腐败丑闻不断的现实，英国历届政府都试图“清洁家门”②。1996 年颁布了《议员行为准则及指导细则》，1999 年颁布了《文官管理规则》，2001 年颁布了《部长守则》，形成了一套比较完善的高官从政行为标准。③

英国有公务员必须遵循的六条原则，即诚实、负责、客观、政治中立、保密、公平。英国对公务员的职业保障、权利保障、行为规则、活动意向、活动幅度和活动程序都做出了详尽规定。

英国《文官守则》的总纲规定，文官必须效忠于国家，诚实正直，不能将个人利益置于职责之上，不能以权谋私。为此，守则作了许多具体规定。

与此同时，英国又相继制定了国会议员行为准则、特别顾问行为准则、部长行为准则、公务员行为准则等，从制度上保证了公职人员的廉洁从政行为。④

---

① 孙曼如. 英国公务员道德立法及借鉴研究［D］. 上海：上海师范大学，2012.

② 孔祥仁. 防止利益冲突，从高官做起：美国、英国案例解析［J］. 河南社会科学，2012（2）：1-5.

③ 孔祥仁. 防止利益冲突，从高官做起：美国、英国案例解析［J］. 河南社会科学，2012（2）：1-5.

④ 国忠. 英国：用制度规范官员人情交往［J］. 检察风云，2013（20）：17.

2. 财产申报制度

1883 年的《净化选举防止腐败法》规定，如果官员个人财产与其正常收入之间存在差距，就必须做出解释和说明。① 如不能提供合法所得的证据，就会被认定为灰色收入，进而被治罪。在申报中必须写清工资、奖金、津贴、补贴、免费旅游等福利，以及官员从事咨询、写作、讲学和协助他人经营等活动的所得收入。不过，申报财产和收入只限于本人，其子女、配偶、父母和其他亲属的收入和财产具有隐私权，不需要申报。此外，利用非工作时间赚取的财产，包括投资产生的股息、红利、房产租金收入等都被看作合法收入。② 这有助于识别官员是否存在利益冲突行为。③

3. 利益登记制度

《议员行为准则及指导细则》关于“利益”的概念非常广泛，包括收入、现金、股票、股份、房地产、任职、礼品、旅行、招待、关系等。利益登记制度要求议员必须登记这些利益，其目的是公开并让公众了解议员的经济情况，明确那些有理由被认为会影响他们言行的利益，监督他们不能以职位谋私。英国议会专门设置了行为标准和特权委员会，任命监察专员，专门负责高官们的廉洁问题。④

4. 利益声明制度

英国针对高级官员制定了一项利益声明制度，要求官员在参与决策之前首先说明拟决策事项是否关联到个人利益，利益内容包括个人在公司或社会上的任职兼职情况、所加入的政党及社团、个人资产及所持公司股票、配偶及子女的任职情况等。⑤

---

① 徐华娟. 英国财产申报制度的最初设立［N］. 学习时报，2013-06-24.

② 代山. 国外官员的财产公开［J］. 人民政坛，2016（1）：26.

③ 中央纪委法规室. 国外防治腐败与公职人员财产申报法律选编［M］. 北京：中国方正出版社，2012：10.

④ 孔祥仁. 防止利益冲突，从高官做起：美国、英国案例解析［J］. 河南社会科学，2012（2）：1-5.

⑤ 孔祥仁. 防止利益冲突，从高官做起：美国、英国案例解析［J］. 河南社会科学，2012（2）：1-5.

1974年议会通过的一项决议规定，“在议会及其下设委员会的任何辩论或议程中，在与其他议员、部长、文官就某事项交涉或交换意见时，议员必须首先声明个人的有关利益或任何性质的好处，无论是直接的还是间接的，无论是过去的现在的还是将来的”。“甚至在官场上或私下里与同事、部长、文官谈话或书信，欲施加影响，也要首先声明个人的相关利益。”这样形成一种制度，大家互相监督。[①]

5. 禁当说客

英国在1995年专门制定了这方面的规定。规定指出，议员代表其所在选区的利益和国家利益，不能与议会之外的任何公司或机构签署有偿协议，成为它们在议会的代言人，从而限制了其在议会的绝对独立和行为自由。议员不准作为任何单位、个人或行业的代表，不准拿了它们的钱财而在议会为其游说和活动。当议员所登记或口头声明的利益与关于游说的规定发生冲突，必须对他们的行为进行限制。[②]

6. 高官去商界任职审批制度

英国根据国家颁布的《商界任职规则》，专门制定了关于高级官员离职到商界任职的审批规定，并且由首相任命成立了一个商界任职顾问委员会，对高级官员的申请提供咨询和建议。本规定适用于工资级别4级或4级以上、职位分数为13以上的高级官员，或同等级别的技术专家或特别顾问。他们在离职两年之内到国内或国外私营或公营企业或者外国政府部门任职、兼职或有偿服务，必须申请政府批准。[③]

① 孔祥仁. 防止利益冲突，从高官做起：美国、英国案例解析［J］. 河南社会科学，2012（2）：1-5.

② 孔祥仁. 防止利益冲突，从高官做起：美国、英国案例解析［J］. 河南社会科学，2012（2）：1-5.

③ 孔祥仁. 防止利益冲突，从高官做起：美国、英国案例解析［J］. 河南社会科学，2012（2）：1-5.

7. 部长防止利益冲突守则

《部长守则》对防止利益冲突做了更严格的补充规定。作为部长，他们必须保证不发生任何公私利益冲突。是否采取行动和采取什么样的行动来避免冲突是他们的个人责任，必要时要向议会做出解释。部长把握不准的利益，要随时向常务秘书咨询，疑点难点上报首相定夺。《部长守则》对各种情况下如何处理利益规定了具体的要求和做法。①

（三）立法模式：专门立法和其他法律法规相结合的模式

英国也采用专门立法和其他法律法规相结合的模式。该种模式的特点在于：以防止利益冲突专门法为主导，其他相关行为规范为辅助，形成一个相对完备的防止利益冲突法律体系。

英国也是较早开始防止公职人员利益冲突立法实践的国家。英国在防止利益冲突制度建设方面，采用专门制度（“利益登记”与“利益声明”）与其他法律规范相结合的立法模式。

1. 利益登记和利益声明专门制度

如前所述，利益登记制度是英国政府根据《议员行为准则》关于防止利益冲突的要求而制定的专门制度。②

利益声明制度是英国在20世纪70年代专门针对高级官员的腐败而制定的。自1995年起，规定书面动议或者签名附和动议时也要声明个人利益，并在议事日程表本人名字后打印上“R”的标志，或者在申请动议表格的相关栏目中注上记号。③

---

① 孔祥仁. 防止利益冲突，从高官做起：美国、英国案例解析［J］. 河南社会科学，2012（2）：1-5.

② 孔祥仁. 防止利益冲突，从高官做起：美国、英国案例解析［J］. 河南社会科学，2012（2）：1-5.

③ 转引自：孔祥仁. 英国防止以权谋私的“利益声明”制度［J］. 先锋队，2006（18）：12-13.

可见，专门针对英国高官的“利益登记”制度和“利益声明”制度颇具特色。

2. 在其他法律法规中内含的防止利益冲突规定

1883年，英国议会通过《净化选举防止腐败法》。这是世界上第一部有关财产申报的法律。1889年，英国制定了世界上第一部反腐败法——《公共机构腐败行为法》，内容包含对公职人员利益冲突的限制和惩处。[①] 1906年，英国颁布了《防止腐败法》，将适用范围扩大到公共机构本身，1916年又将适用范围进一步扩大到地方性和公共性机构。二战后，英国颁布的许多法令中都有针对政府官员利益冲突的条文。其中比较重要的有：1948年的《人民代表法》、1962年的《北爱选举法》、1964年的《许可证法》、1972年的《北爱地方政府法》、1988年的《犯罪审判法》、1989年的《地方政府和住房法》、2001年的《反恐、犯罪和安全法》、2003年的《反腐败法》和2010年的《反贿赂法》等。此外，英国还通过建章立制以规范公职人员的从政行为，防止利益冲突。如，1994年，制定了公职人员履行公务活动时必须遵循的七项基本原则，即无私、廉洁、客观、负责、公开、诚实和表率。[②] 1996年，制定了《文官守则》，规定了所有公务员都必须遵守的伦理价值规范——必须效忠国家，不得将个人利益置于职责之上，不得利用职权谋取私利，必须诚实正直。1999年，英国签署了经合组织的《关于公共官员受贿的协议》，将其纳入国内法。同年，颁布《公务员行为准则》，明确规定要遵守职业道德标准。2001年颁布的《大臣行为规则》规定：向议会提供真实情况，公开保证没有或避免可能产生的利益冲突；不接受可能影响本人公正行使职权的礼物或款待；不利用政府资源为政党的政治目的服务；等等。《部长有关程序的行为准则和指导原则》《公共机构董事会成

① 李国花，李志勤．部分国家反腐败法比较［J］．天津市政法管理干部学院学报，2006（4）：39-42.

② 参见：孙晓莉．国外廉政文化概略［M］．北京：中国方正出版社，2007.

员最佳做法准则》《皇室检察官守则》等，分别对政府部长、非政府行政部门性公共机构董事、皇家检察官的行为予以指导和规范，形成严格的约束机制。英国还根据 2002 年的《犯罪收益法》，成立了资产追缴局，对那些超过 1 万英镑的非法所得进行追缴，追缴期限可达 12 年之久。

总之，通过长期的立法活动，英国形成了“利益登记”和“利益声明”专门制度与其他法律法规相结合的防止利益冲突法律体系，内容包括对公职人员廉洁从政、兼职行为、礼品收受、财产申报等的规范。[①]

五、俄罗斯防止公职人员利益冲突立法研究

（一）立法探索演进

1991 年底，苏联解体，俄罗斯联邦独立。伴随着急剧的政治、经济与社会转型，俄罗斯联邦国内的贪污贿赂等腐败问题也愈演愈烈。因而，俄罗斯历届政府高度重视腐败与反腐败问题。

作为源头反腐利器，防止利益冲突立法同样受到重视，在不同时期有不同的内容。

“利益冲突”概念在俄罗斯的官方文件中出现比较晚。第一次使用“利益冲突”的官方文件是 2001 年 8 月出台的《俄罗斯联邦文职公务体系改革构想》。

2004 年 7 月 27 日颁布的《俄罗斯联邦文职公务法》则首次在国家法律层面对公务中的利益冲突问题做了较为全面的规定，其内容包括：利益冲突的界定，利益冲突责任主体即文职公务员及其雇主的

① 参见：钟监研. 英国公共服务伦理规范：构建出一套系统、实用的法规体系［N］. 中国纪检监察报，2010-07-21（4）.

义务，预防和控制利益冲突的措施，违反利益冲突规定的责任措施。这部法律还对文职公务员从业限制、禁止和要求做了较为详细的规定，为利益冲突划定了基本的范围。①

2008 年 12 月 25 日，梅德韦杰夫总统颁布了《俄罗斯联邦反腐败法》。这部法律共 14 条，其中直接规定预防和控制利益冲突的规范就有 4 条，如：对国家和市政雇员的限制和禁止，财产披露的要求和程序，利益冲突及预防和解决利益冲突的程序等做了明确规定。体现了预防和控制利益冲突在俄罗斯反腐败制度中的特别地位。该法对文职公务法关于预防和控制利益冲突的规定做了重要修改和补充，使这项制度更趋完善。② 其中，第 11 条规定，国家公务员或自治地方公务员、雇主代表必须采取相应的措施预防和调整利益冲突。预防和调整制度包括报告制度、职务调整制度、回避制度和财产托管制度。③

2009 年发布的《俄罗斯联邦国家公务体系改革与发展联邦规划（2009—2013 年）》，明确提出了建立和实施国家公职人员行为准则及国家公务中的利益冲突调节机制。

2010 年 7 月 1 日，梅德韦杰夫颁布了第 821 号总统令，批准了《联邦国家公职人员遵守职业行为准则和利益冲突协调委员会条例》。

2011 年 4 月 28 日，梅德韦杰夫向国家杜马提交了一份法案，其中有关利益冲突的规定，强化了违规公务员的处罚责任。④

2012 年 12 月 3 日，俄罗斯公布了通过的《俄罗斯联邦审查公务员消费占收入比例法》，这项法律要求政府公务员对高消费进行申报。

2013 年 1 月 1 日通过的《俄罗斯联邦国家公职人员及其他人员

---

① 杜永明. 俄罗斯怎样治理公务中的利益冲突［N］. 检察日报，2011-09-13（7）.

② 杜永明. 俄罗斯怎样治理公务中的利益冲突［N］. 检察日报，2011-09-13（7）.

③ 徐海燕. 俄罗斯联邦反腐败法制建设评析［J］. 国际研究参考，2016（4）：1-7.

④ 杜永明. 俄罗斯怎样治理公务中的利益冲突［N］. 检察日报，2011-09-13（7）.

收支相符监督法》是最新的财产申报立法成果。根据该法，在对公职人员支出信息的核查过程中，核查机关应当确定该公职人员收支是否相符，如果确认其收支明显不符，公职人员可能被解职以及没收非法所得财产。

2013 年 1 月 1 日，《关于修改〈俄罗斯联邦公务员轮岗法〉的联邦法》（第 395 号）正式生效，该修正案旨在防止官场形成裙带关系、监管者与被监管者之间结成利益链。该法律规定，高腐败风险领域的公务员，尤其是联邦行政部门中负责地区事务或从事监督检查工作的公务员，必须实行轮岗，每次轮岗交流时间为 3 至 5 年。该法生效后，有 1535 名俄联邦公务员符合强制轮岗条件。

2013 年 1 月 1 日，《关于修改〈俄罗斯联邦反腐败法〉的联邦法》（第 273 号）正式生效。修正案增加的内容有：制定并实施遵守道德和行业准则的措施和程序；制定识别、预防和管理利益冲突的措施；预防伪造和使用虚假文件包括财务报表的行为。

2013 年 4 月 24 日，普京总统签署被称为“最严厉”反腐法案的《禁止国家官员及其配偶和未成年子女拥有海外资产法》，规定在 3 个月内，政府官员和国企高管必须对其国外账户及其资产进行清理，违者将受到严厉处理，甚至追究刑事责任。

2013 年 5 月 2 日，《俄罗斯联邦海外账户监管法》正式生效。法案禁止特定行业的国家公职人员及配偶、未成年子女持有外国银行账户和境外公司的股票、证券及其他金融衍生品。受此法约束的官员，须在法律生效后 3 个月内注销本人及配偶、未成年子女的海外银行账户，并取回存款，停止海外金融交易，未遵守该项规定者将被解职。

2015 年 1 月 1 日的《俄罗斯联邦政党法修正案》规定国家安全领域工作的官员及政党议员禁止在海外银行开设账户、接受捐赠等。

2015 年 10 月 6 日，俄罗斯总统普京签署一项联邦法律，规定担任国家公职者必须通报导致或可能导致利益冲突的情况，并采取措施防止或化解利益冲突。否则，将被解除职务。这项法律扩大了应通报利益冲突的人员范围。根据这项法律，担任国家公职者如果拥有有价证券，必须交由信托管理。①

概括而言，俄罗斯调整利益冲突的现行规范性法律文件主要是《俄罗斯联邦文职公务法》《俄罗斯联邦反腐败法》和《联邦国家公职人员遵守职业行为准则和利益冲突协调委员会条例》。②

（二）立法框架与体系分析

俄罗斯的反腐败制度设计，也是将利益冲突预防和控制放在优先地位。③

《俄罗斯联邦反腐败法》是这样定义利益冲突的："本法所称国家和地方公务上的利益冲突是指下述情形：国家或地方公职人员的个人（直接或间接的）利害关系影响或可能影响其正当履行职责，在国家或地方公职人员个人利害关系与公民、组织、社会或国家的权利、合法利益之间产生或可能产生冲突，导致对公民、组织、社会或国家的权利和合法利益的损害。"个人利害关系，指的是国家或地方公职人员在履行职责时为本人或第三人谋取货币、贵重物品及其他财产或者财产性服务以及其他财产权的可能性。④

在防止利益冲突的制度设计上，主要有如下方面。⑤

1. 财产申报

财产申报是预防利益冲突制度的基本内容。通过核查，可以发现哪些财产属于利益冲突财产，从而为有效处置利益冲突财产提供前提。《俄罗斯联邦反腐败法》和相关总统命令规定，拟任和现任某些

① 俄罗斯：国家公职人员要防止利益冲突［N］．中国纪检监察报，2015-10-11（4）．
② 杜永明．俄罗斯怎样治理公务中的利益冲突［N］．检察日报，2011-09-13（7）．
③ 杜永明．俄罗斯怎样治理公务中的利益冲突［N］．检察日报，2011-09-13（7）．
④ 杜永明．俄罗斯怎样治理公务中的利益冲突［N］．检察日报，2011-09-13（7）．
⑤ 杜永明．俄罗斯怎样治理公务中的利益冲突［N］．检察日报，2011-09-13（7）．

职务的公职人员、全部充任腐败风险职位（国家采购、许可证发放等职位）的公务员以及国家公司负责人，都要申报财产。申报内容包括收入、财产（动产、不动产）、股票、参股情况以及债权债务等五类信息。按俄罗斯规范性法律文件规定，公职人员申报信息需要核查并在媒体上公开。对不申报或不如实申报的，给予纪律处分，直至开除公职。[①] 1997 年的《俄罗斯联邦政府法》第一章第 10 条对国家行政机构各级官员财产申报的细则做了具体规定。《俄罗斯联邦反腐败法》对普通国家公职人员的财产申报细则做了规定，并以附件形式提供了申报表，这些申报表把需要申报的信息细分为八类。2012 年 3 月 13 日由梅德韦杰夫总统签署的《2012—2013 年国家反腐败计划》，对俄罗斯联邦养老金基金会及其工作人员财产申报的细则进行了规定。

（1）申报主体和内容。

1997 年生效的《俄罗斯联邦政府法》第一章第 10 条规定："俄罗斯联邦政府总理、各副总理和联邦各部部长必须在其就职时以及就职后至下一年度 4 月 1 日前，向俄罗斯联邦税务机关提交收入、有价证券及个人所有财产的相关资料。俄罗斯联邦税务机关应将这些资料呈送俄罗斯联邦总统和联邦会议。"[②]

2008 年生效的《俄罗斯联邦反腐败法》第 8 条第 1 款规定，请求担任已被列入俄罗斯联邦规范性法律文件目录中的联邦或市政机关职位的公民，以及已担任俄罗斯联邦规范性法律文件目录中的联邦或市政机关职位的公民，有义务向其主管申报收入、财产和财产性债务的信息，以及其配偶和未成年子女的收入、财产和财产性债务的信息；第 8 条第 7 款规定，公民在进入联邦或市政机关时不向其主管申报本人、配偶及未成年子女的收入、财产和财产性债务信息的，或者申报明显不可信或信息不完整的，联邦政府或市政机关可拒绝接

① 杜永明. 俄罗斯怎样治理公务中的利益冲突［N］. 检察日报，2011-09-13（7）.

② 徐海燕. 俄罗斯联邦反腐败法制建设评析［J］. 国际研究参考，2016（4）：1-7.

受其任职。[①]

《俄罗斯联邦反腐败法》以附件形式提供了几十张申报表，这些申报表把需要申报的信息细分为八类：第一类是收入信息。包括主要工作收入、教学活动收入、学术活动收入、其他创作活动收入、银行和其他信贷机构存款收入、有价证券及商业组织参股收入、其他收入。第二类是财产信息。包括不动产和交通工具，不动产项下细分为地块、住宅楼、别墅、车库和其他不动产等类别，交通工具项下有小型汽车、载重汽车、拖车、摩托车、农用机械、水上交通工具、空中交通工具和其他交通工具。第三类是银行和其他信贷机构账户的货币资金信息。第四类是有价证券信息。包括股票和其他股份，还包括债券、票据等。第五类是财产性债权债务信息。包括正在使用的不动产，并按规定要求申报不动产的属性（如地块、住宅楼、别墅等）以及不动产的使用形式（如租赁、无偿使用等）和期限等内容。第六类是债权债务。要求申报超过最低工资额100倍定期金融性债权债务，并指明债务的内容（贷款或借款）、借款人或贷款人以及债务的发生根据、数额。第七类是国外财产的价值和交易资金来源。第八类是超过三年收入总和的一次性消费（投资）明细。[②]

2009年5月18日的总统令提出，除上述行政机关的公职人员外，法院、检察院、警察、军队、安全部门、选举机构的公职人员均应进行财产申报。[③]

2012年3月13日生效的《2012—2013年国家反腐败计划》规定："俄罗斯联邦养老金基金会、其他基金会的工作人员，及国有或国有控股公司的工作人员都必须进行财产申报"；"公职人员在接受质询时，有义务提供购买房地产、证券、股票、车辆等国家规定要求的财产凭证。必要时，必须说明大额收入款项的来源等，如不能够解

① 徐海燕. 俄罗斯联邦反腐败法制建设评析［J］. 国际研究参考，2016（4）：1-7.
② 徐海燕. 俄罗斯联邦反腐败法制建设评析［J］. 国际研究参考，2016（4）：1-7.
③ 徐海燕. 俄罗斯联邦反腐败法制建设评析［J］. 国际研究参考，2016（4）：1-7.

释其来源，将被认为有犯罪嫌疑，可被解雇，并没收财产”。①

2012 年 12 月 3 日生效的《俄罗斯联邦审查公务员消费占收入比例法》规定：“公职人员及其配偶一次性消费额超过前三年收入的总和时，需要提交本人、配偶和未成年子女的收入信息，包括购买土地、其他不动产、交通工具、有价证券及股份的交易明细。”②

2013 年 1 月 1 日，《俄罗斯联邦国家公职人员及其他人员收支相符监督法》正式生效。该法要求国家公职人员提交关于个人及配偶最近三年的总收入以及本人、配偶和未成年子女支出的报告。支出包括购买土地、其他不动产、交通工具、有价证券和股票（股份）。不申报或不按规定申报的将被免除公职，被发现收支不符或存在涉嫌违反法律法规的问题，申报报告将被移交至司法机关。7 月 22 日，俄罗斯总理梅德韦杰夫又签署一项决议，将俄罗斯铁路公司、高等经济学院、联邦原子能机构和塔斯社等 29 家国有或国家控股的企业和机构的高管也列入收支申报人员范畴。

2013 年 4 月 2 日，普京签署总统令，要求官员申报海外房产持有情况并说明资金来源，拥有海外房产而不申报或申报中无法说明购房资金来源者将处以高额罚款或给予撤职处分。2013 年 5 月 30 日生效的《禁止国家官员及其配偶和未成年子女拥有海外资产法》规定：“禁止公职人员及其配偶与未成年子女在国外拥有银行账户，持有国外发行的股票和债券。违者将被科以 500 万至 1000 万卢布的罚款，或被判处 5 年以下有期徒刑，并在 3 年之内不得担任公职。”2015 年 1 月 1 日生效的《俄罗斯联邦政党法修正案》规定：“俄罗斯禁止国家安全领域工作的官员在国外银行开设账户，禁止政党接受有‘外国代理人’嫌疑的、俄非政府组织的捐赠。”③

① 徐海燕. 俄罗斯联邦反腐败法制建设评析［J］. 国际研究参考，2016（4）：1-7.
② 徐海燕. 俄罗斯联邦反腐败法制建设评析［J］. 国际研究参考，2016（4）：1-7.
③ 徐海燕. 俄罗斯联邦反腐败法制建设评析［J］. 国际研究参考，2016（4）：1-7.

（2）申报义务与举报义务。

《俄罗斯联邦反腐败法》第8条有“国家和地方公务人员有提供收入状况、财产和财产性债权债务信息的义务”的规定：①请求担任“俄罗斯联邦规范性法律文件规定的国家或地方公职清单”所列职位的公民和担任上述职位的公职人员，应当向雇主代表（雇用人）提交本人及其配偶和未成年子女的收入、财产和财产性债权债务信息。提交上述信息的程序由俄罗斯联邦法律和其他规范性法律文件规定。②除被联邦法律列为国家秘密的信息，国家和地方公职人员依据本条规定提交的财产、收入及财产性债权债务信息具有机密性。③国家和地方公职人员及其配偶和未成年子女的收入、财产和财产性债权债务信息，不得用于判定上述人员拥有直接或间接为社会团体、宗教或其他组织提供捐款（付费）的支付能力，不得用于为自然人谋取利益。④对泄露国家和地方公职人员及其配偶和未成年子女的收入、财产和财产性债权债务信息具有过错的，或者对这些信息的使用超出了俄罗斯联邦法律规定目的的人员，依照俄罗斯联邦法律规定，承担相应责任。⑤国家和地方公职人员及其配偶和未成年子女的收入、财产和财产性债权债务信息，可以按照俄罗斯联邦规范性法律文件规定的程序送交媒体予以公布。⑥对本条第1款规定的国家或地方公职人员及其配偶和未成年子女的收入、财产和财产性债权债务信息的可靠性、完整性的核验，由雇主代表（雇用人）或经其授权的人员独立进行，或者按俄罗斯联邦总统规定的程序向掌握国家或地方公职人员及其配偶、未成年子女收入、财产及财产性债权债务信息的护法机关或有监督职能的国家机关以发送查询函的方式进行。⑦担任国家或地方公职的公民不向雇主代表（雇用人）提交本人及其配偶和未成年子女的收入、财产和财产性债权债务信息的，或者故意提交不可靠或不完整信息的，可以作为拒绝录用其从事国家或地方公务的根据。⑧国家或地方公职人员不履行本条第1款规定的义务即构成违法，将解除其作为国家或地方公务人员的公职，或者根据俄罗斯联邦法律追究其他纪律责任。⑨俄罗斯联邦国家公职种类法和地方公职种类法对国家或地方公职人员可以规定更为严格的禁止性、限制性、义务性的职务行为规范。

《俄罗斯联邦反腐败法》第9条“国家和地方公职人员对教唆实施腐败违法行为的举报义务”规定：①国家或地方公职人员应当向雇主代表（雇用人）、检察机关或其他国家机关举报他人教唆自己实施腐败违法行为的全部情况。②举报教唆实施腐败违法行为的实际情况是国家和地方公职人员的职责，除非该事实已经或正在进行核实。③国家或地方公职人员不履行本条第1款规定的义务即构成违法，应当解除其国家或地方公职，或者根据俄罗斯联邦法律对其追究其他种类的责任。④国家或地方公职人员向雇主代表（雇用人）、检察机关或其他国家机关举报教唆自己实施腐败违法行为的实际情况，举报其他国家或地方公职人员实施腐败违法行为或者不提交或故意提交不可靠或不充分的收入、财产和财产性债权债务信息的事实，依俄罗斯联邦法律规定，受国家保护。⑤向雇主代表（雇用人）举报教唆国家或地方公职人员实施腐败违法行为实际情况的程序、举报信息表格、核实举报信息的安排以及举报登记办法，由雇主代表（雇用人）规定。

（3）信息审核、监督与处罚。

《俄罗斯联邦国家公务员法》明确了公职人员“批评、警告、不称职、解雇”处分的具体内容，指出公职人员会因下列腐败行为而被解雇：公务员没有提供自己的收入、资产和负债信息，没有提供自己的配偶和未成年子女的收入、资产和负债信息，或者提供虚假的或不全面的信息；公务员参与联邦法律规定之外的、有偿的商业组织管理活动；公务员参与联邦法律规定之外的企业经营活动；公务员参与联邦法律规定之外的他人管理组织、外国商业组织、非政府组织及其分支机构；等等。①

按照《俄罗斯联邦反腐败法》规定：各级人事部门是财产申报体系的具体责任人，主要负责具体组织和接受财产申报信息、公开申报信息及核查申报信息的真实性与完整性。俄罗斯检察机关具有监督权，对公职人员财产申报的信息履行情况进行监督。

在信息核查方面，2012 年 12 月生效的《俄罗斯联邦审查公务员消费占收入比例法》规定，如果发现公职人员的申报与收支明显不符，应在三日之内移交至检察机关处理并面临刑事指控；2012 年 3 月，政府各部门还建立公职人员个人信息的综合性数据库，加强对其资产透明度管理；2014 年 4 月 13 日生效的《2014—2015 年国家反腐败计划》，规定了高级官员所收礼品的上交通报制度；等等。

根据《俄罗斯联邦反腐败法》，国家公务机关在核查结束后，应出具核查鉴定报告以供上级管理机构进行参考。

2. 改变公职人员职位

岗位轮换制度的实行能在一定程度上有效地防范因公职人员长期在某一地方任职而产生的不正当利益集团。不正当利益集团的形成势必会导致利益冲突行为的高发，促成腐败滋生的温床。因此，《俄罗斯联邦反腐败法》第 11 条第 4 款规定："为防止和协调利益冲突，可按规定程序变动作为利益冲突一方的国家或地方公职人员的职位，直至停止履行职责，同时（或者）使其放弃导致利益冲突产生的相关利益。"同时，对职位变动的具体形式，如转任其他职位、中止履行职责、停止履行职责等，予以明确。俄罗斯的岗位轮换制度在一定程度上较好地从源头上遏制公职人员因长期在某地域或某岗位任职所形成的利益控制，对促进俄罗斯整个防止利益冲突制度的构建与完善发挥了重要作用。②

① 徐海燕. 俄罗斯联邦反腐败法制建设评析［J］. 国际研究参考，2016（4）：1-7.

② 杜永明，刘洪岩.《俄罗斯联邦反腐败法》［J］. 环球法律评论，2010，32（3）：154-160.

3. 回避

在发生利益冲突的情况下要求公务员回避，这是俄罗斯反腐败采取的新措施。反腐败法生效前，俄罗斯只是在刑事诉讼法律上针对法官、检察官、律师、鉴定人等规定了回避制度，有关俄罗斯公务的法律中并没有关于公务员回避的直接规定。《俄罗斯联邦反腐败法》第 11 条第 5 款规定："在俄罗斯联邦法律有明确规定的情况下，依据俄罗斯联邦法律规定的程序，可通过使国家或地方公职人员回避或自行回避的方式来防止和协调国家或地方公职人员作为冲突一方的利益冲突。"① 同时在《俄罗斯联邦反腐败法》中，俄罗斯对于回避的类型、情形、方式、程序等均做了较为深入的探索，可见回避制度在俄罗斯防止利益冲突制度的构建中处于关键地位。②

4. 财产委托管理

为避免利益冲突，将公务员持有的可能会导致利益冲突的财产交付委托管理机构管理，这是国际上防止公务中利益冲突的通行做法。俄罗斯也吸收了这一经验，并作了创新与发展，逐步形成了具有俄罗斯特色的公职人员资产处置方法。

《俄罗斯联邦反腐败法》第 11 条第 6 款规定："在国家或地方公职人员持有有价证券、股票［在有关组织的注册（合伙）资本中的参股份额和股份］的情况下，为防止利益冲突，根据俄罗斯联邦法律规定，必须将其拥有的有价证券、股票［在有关组织的注册（合伙）资本中的参股份额和股份］交付委托管理。"③ 这一款是指当公务员持有的有价证券和股票如果导致或可能导致利益冲突，则需要交付委托管理机构进行委托管理。

---

① 杜永明，刘洪岩.《俄罗斯联邦反腐败法》［J］. 环球法律评论，2010，32（3）：154-160.

② 杜永明. 俄罗斯怎样治理公务中的利益冲突［N］. 检察日报，2011-09-13（7）.

③ 杜永明，刘洪岩.《俄罗斯联邦反腐败法》［J］. 环球法律评论，2010，32（3）：154-160.

1997年颁布的《俄罗斯联邦政府法》第一章第11条指出，作为俄罗斯联邦政府的成员无权亲自或者通过受托人从事经营活动。俄罗斯联邦政府成员在职期间，必须按照联邦法律规定的程序，将其在商业组织法定资本中所有的股份（股票）转交给由国家监管的受托机关管理；无权从事经商、教学及其他有偿活动；无权从事兼职和有偿的中介活动；在非公务活动中，无权使用专为从事公务活动所设的信息、物资技术、财政和信息保障手段；无权获得出版和演讲报酬；在行使自己义务时，无权获得来自自然人和法人不符合联邦立法规定的贷款、礼品、货币和其他报酬，包括获得娱乐和休闲等各种服务；未经俄罗斯联邦总统的许可，无权接受外国授予的荣誉和专门称号、奖励和其他奖章；等等。①

综上可见，俄罗斯关于防止利益冲突的资产处置制度更为细化和完善。

5. 离职后就业限制

对公务员离职后再就业进行限制是各国的通例。俄罗斯也对公务员离职后做出限制性规定。《俄罗斯联邦反腐败法》规定，公职人员离职后两年内可以到商业和非商业组织中任职，但是到该公务员曾经管辖过的组织中任职，则要经原所在机关的公务员遵守职业行为准则和利益冲突协调委员会同意。而对雇用公务员的组织而言，不论该公务员是否对其实行过管理权，在该公务员离职后两年内与其签订劳动合同时，都必须通知公务员最后工作地所在机关。②

《俄罗斯联邦反腐败法》第12条还对曾经担任国家公务或地方自治公务职位的公民在签订劳动合同时做出限制性规定：①曾担任俄罗斯联邦规范性法律文件规定的有关国家或地方职位清单所列公职的公民，在解除国家或地方公职后两年内有权在商业和非商业组

① 徐海燕. 俄罗斯联邦反腐败法制建设评析［J］. 国际研究参考，2016（4）：1-7.

② 杜永明，刘洪岩.《俄罗斯联邦反腐败法》［J］. 环球法律评论，2010，32（3）：154-160.

织中就职；如果对这些组织的某些国家管理职能属于该解除公职公民曾经履行的职责，则该公民在商业和非商业组织中的就职应当按照俄罗斯联邦规范性法律文件规定的程序分别经俄罗斯联邦国家文职公职人员职业行为准则维护委员会和利益冲突协调委员会同意。②曾担任俄罗斯联邦规范性法律文件规定的有关国家或地方职位清单公职的公民，在解除国家或地方公职后两年内签订劳动合同时，应当向雇主代表（雇用人）告之其最后任职地信息。③曾担任俄罗斯联邦规范性法律文件规定的有关国家或地方职位清单公职的公民，在离职后不遵守本条第 2 款规定的情况下，应当终止其签订的劳动合同。④在曾担任俄罗斯联邦规范性法律文件规定的有关国家或地方职位清单公职的公民解除国家或地方职务后两年内，雇用人与其签订劳动合同时，必须按照俄罗斯联邦规范性法律文件规定的程序，在十天内将签订该合同的情况通知该国家或地方公职人员最后工作地的雇主代表（雇用人）。⑤雇用人不履行本条第 4 款规定的义务即构成违法，应当根据俄罗斯联邦法律追究其责任。[①]

6. 从政限制

从政限制的具体规定包括：①不得参加有偿的商业组织管理活动，联邦法律有规定的情况除外；②不得参加企业经营活动；③不得购买证券以期获得收入；④不得在执行公务中接受自然人和法人的酬金（礼品、金钱、贷款、服务、娱乐、休闲、旅行费用和其他报酬）；⑤不得接受自然人和法人支付的在俄罗斯联邦境内的迁居费用，俄罗斯联邦法律另有规定的情况除外；⑥不得在执行非公务行为时使用国家财产以及将其赠送给他人；⑦不得在执行非公务行为时披露或使用其在执行公务期间获悉的机密信息或公务信息；⑧公务员不得在政党、社会团体、宗教团体和其他组织中利用公务职权，以

① 杜永明，刘洪岩.《俄罗斯联邦反腐败法》[J]. 环球法律评论，2010，32（3）：154-160.

及作为一名公务员公开表示与上述组织有关系；⑨公务员在国家机构的活动中，不得超越公务职责代替他们的领导或通过新闻媒体对上级国家机构的决定公开发表意见、见解和评价。①

7. 处罚程序

《俄罗斯联邦国家公务员法》规定，公务员不遵守限制性和禁止性规定，不遵守预防或调整利益冲突的要求和不执行反腐败规定的义务，需科以下列处罚：批评、警告、不称职。根据补充规定，公务员由于不被信任而被解雇的需具备下列条件：①作为冲突一方的公务员对预防或者解决利益冲突没有采取措施；②公务员没有提供自己的收入、资产和负债信息，没有提供自己的配偶和家庭成员的收入、资产和负债信息，或者提供虚假的或不全面的信息；③公务员参加有偿的商业组织管理活动，联邦法律有规定的情况除外；④公务员实施企业经营活动；⑤公务员参加受托人管理的组织，其他的外国商业组织、非政府组织，在俄罗斯联邦境内上述机构设立的分支机构，如果俄罗斯联邦国际条约或者俄罗斯联邦法律有其他规定的除外；⑥国家机构获悉公务员由于私人利益导致或者可能导致利益冲突，负有责任的公务员将会由于失去信任而被解雇，以及在这种情况下不接受预防和解决利益冲突办法的公务员也会被解雇。②

8. 防止利益冲突的组织机构及其运作程序

按照《俄罗斯联邦反腐败法》的规定，俄罗斯在各国家公务机关均设有公务员遵守职业行为准则和利益冲突协调委员会（以下简称“委员会”）。《联邦国家公职人员遵守职业行为准则和利益冲突协调委员会条例》，则为委员会制定了详细工作规则。

委员会的管辖范围是联邦文职公务中任职的一般公职人员。

① 耿玉娟. 俄罗斯联邦反腐败法律手段研究［J］. 郑州大学学报（哲学社会科学版），2014，47（2）：59-63.

② 耿玉娟. 俄罗斯联邦反腐败法律手段研究［J］. 郑州大学学报（哲学社会科学版），2014，47（2）：59-63.

委员会的组成人员包括两部分，一部分是国家机关人员，一部分是社会组织成员。

委员会的职能主要是就三类问题进行审查并做出相应的决定。一是审查公职人员是否遵守职业行为准则。二是审查公职人员离职后两年内在商业组织中就职是否适当。三是审查公职人员财产申报信息。

（三）立法模式：分散立法模式

分散立法是与专门立法相对应的一种立法模式，指一个国家立法机关没有制定专门统一的有关防止利益冲突的综合法，而采取区分不同领域或事项分别立法的模式。

俄罗斯对治理利益冲突采取的是分散立法模式，利益冲突规范散见于多个规范性法律文件。①

近年来，俄罗斯不断加强公职人员职业道德、防止利益冲突机制建设，逐渐取得成效。尤其是用专门的法律条款对利益冲突相关内容进行的明确界定，加深了防止利益冲突制度的权威性和刚性。《国家公职人员行为准则》要求公职人员“运用俄罗斯联邦既有法律，防止利益冲突出现及调解已出现的利益冲突”。《国家公职法》对利益冲突进行了更为详尽的表述。该法第十九章以“调解利益冲突”为题，对利益冲突的概念，调解利益冲突的工作程序、工作机构做了严格规定。《俄罗斯联邦反腐败法》被视为近年俄罗斯在预防和治理腐败领域的顶峰之作，其中对“利益冲突”更特别用了两个章节进行了阐释：第十章“国家和地方政府部门工作中的利益冲突”中对影响或可能影响公职人员正确履职的个人利益做出清晰列举；第十一章“防止和调解国家和地方工作中利益冲突的程序”则对防止和调

① 杜永明．俄罗斯怎样治理公务中的利益冲突［N］．检察日报，2011-09-13（7）．

解工作的基本程序进行了说明。上述三个法规共同构成了各部门和各级地方政府调解利益冲突的法律基础。

同时，俄罗斯专门以立法的形式确立了调解利益冲突专门委员会制度，并在各级和地方政府机关中设立国家公务员遵守公务行为要求和利益冲突调解委员会。专门的利益冲突调解委员会的设立不仅可在国家和地方公务员群体中有效地推行反腐败措施，同时也可为国家机关或地方自治机关就反腐败管理措施的制定提供顾问和咨询职能，最终为更好地治理利益冲突行为发挥实效。

俄罗斯分散立法模式，有其优势，如：分散立法模式是根据不同领域或事项，以及惯例来制定，避免了统一立法一刀切。但也有弊端，那就是，由于分散立法模式缺乏集中、统一的立法，不同的立法之间难免发生冲突或重复，导致保护标准的不一致，有时无法有效地规制利益冲突。总体上看，此种分散立法模式，主要有以下两方面的弊端：①立法欠缺整体规划；②适用的范围有限。

六、韩国防止公职人员利益冲突立法研究

（一）立法探索演进

韩国的防止公职人员利益冲突制度大约萌芽于 20 世纪 60 年代。其时，韩国曾发起“庶政刷新运动”，对生活腐化、不称职、乱报销的官员一律清除出公务员队伍，而且今后永不录用。

从 20 世纪 70 年代开始，韩国制定了一系列防止公职人员利益冲突的法律法规。这些法律法规为正确规范公职人员的从政行为提供了法制保证。

韩国有关防止公职人员利益冲突的内容散见或集中体现在韩国宪法和《国家公务员法》《地方公务员法》《公职人员伦理法》《〈公

职人员伦理法〉实施令》《〈公职人员伦理法〉实施细则》《公职人员伦理宪章》《公共事务条例》《公务员服务规定》《公共机关信息公开法》《防止腐败法》等中。[①] 这些法律法规有一个共同的特点，即强调伦理的作用和重要性。因而，韩国有伦理立法之称谓。其正在形成完整、健全的防止利益冲突法律体系。

（1）韩国宪法中所包含的防止公职人员利益冲突理念。

《大韩民国宪法》（1948 年制定，1987 年第 8 次修改）中确立了公共行政伦理精神，规定：公职人员应该为全体国民服务；公职人员总的伦理标准，是把国民利益作为价值基础，而不是为特定集团局部利益服务。[②] 韩国宪法确立的公共行政伦理精神，在上述法律法规中都有所体现。

（2）《国家公务员法》中所包含的防止公职人员利益冲突内容。

韩国的《国家公务员法》确定公务员伦理准则。其基本内容包括：诚信这一伦理原则、与工作有关的具体伦理规范。该法规定，各级公务员不得在行使职权时接受他人的钱物或招待。

（3）《公务员服务规定》中所包含的防止公职人员利益冲突内容。

1970 年 6 月，颁布《公务员服务规定》，其后 12 次修订。内容涉及从业规范（第一章）、兼职行为（第二、三、四章）、政治运动和劳动运动（第五章）。

（4）《公职人员伦理法》中所包含的防止公职人员利益冲突内容。

1981 年，韩国制定了《公职人员伦理法》，规定了公务员财产登记与公开制度。其后多次修改，现 4 级以上公务员都要进行财产登记；在一些特殊部门如税务、会计等，范围扩大到了 7 级以上。按照该法，公务员须从财产登记义务发生日起 1 个月内，通过公职伦理综

① 王伟. 公共行政伦理价值定位与规范体系［J］. 伦理学研究，2003（3）：58-65.

② 王伟. 公共行政伦理价值定位与规范体系［J］. 伦理学研究，2003（3）：58-65.

合情报系统，向所属部门登记财产，并每年定期申报变动情况。[①]

韩国于1993年6月颁布的《公职人员伦理法（修正案）》，在制度上保障了财产公开的实效性，进一步为财产申报制度等反腐败政策奠定了法律基础。

1993年7月，韩国颁布的《〈公职人员伦理法〉实施令》，又做出更具体的规定。8月12日，为配合财产申报制，当时的韩国总统金泳三发表实施金融实名制的命令，以消除行贿受贿，使财产公示制度真正落到实处。两位前总统全斗焕、卢泰愚的巨额秘密资金案由此东窗事发。

（5）《公职人员财产登记制度》中所包含的防止公职人员利益冲突内容。

1993年5月27日，韩国国会通过了《公职人员财产登记制度》，规定公职人员必须向社会公布财产。

（6）《防止腐败法》中所包含的防止公职人员利益冲突内容。

2001年6月，韩国通过了《防止腐败法》。11月，公布《〈防止腐败法〉实施令》。韩国行政伦理法治建设提升到一个新的高度。

（7）《政治资金法》中所包含的防止公职人员利益冲突内容。

着力提高政治资金的透明度，也是韩国伦理立法的重要内容。韩国早在1965年就制定了《政治资金法》，但效果不理想。该法与韩国金融实名制立法的目的一脉相承，1994年3月，韩国又对《政治资金法》进行了第七次修订，修订的主要内容包括：所有政党的地区党组织都可以设立后援会；后援会的会员名额增加，目的是提倡政治资金的小额多数化；捐款数额由原来的一亿韩元增加到一亿五千万韩元，采取中央选举委员会发行的定额收据制度；等等。根据修订后的《政治资金法》，韩国改革了选举制度，大幅度缩短选举时间，

① 中央纪委法规室．国外反腐败：廉政法律法规选编［M］．北京：中国方正出版社，2002：382-394；代山．国外官员的财产公开［J］．人民政坛，2016（1）：26.

对各类选举的法定选举费用进行限制，并实施了公助制度等补充规定。

（8）《公务员保持清廉行动纲领》中包含的防止公职人员利益冲突内容。

2003 年 2 月，韩国出台《公务员保持清廉行动纲领》，对礼金和礼品收受有具体限制规定。

（9）责任追究相关法律中所包含的防止公职人员利益冲突内容。

2005 年 4 月，韩国修订了《所得税法》。2007 年出台了《腐败公务员处罚强化对策》。2008 年 2 月，通过了《防止腐败和成立国民权益委员会相关法律》。2008 年 4 月，出台了《腐败公职人员处罚强化对策》，2008 年 7 月，通过《特定经济犯罪加重处罚法》。2001 年出台了《防止腐败法》与《〈防止腐败法〉实施令》，对公职人员预防腐败的责任做出了规定：公职人员必须遵纪守法，公正、积极地履行职责，杜绝腐败行为的发生。

（10）《关于禁止不正当请托及收受财物等的法律》（《金英兰法》）中所包含的防止公职人员利益冲突内容。

2015 年 3 月，被称为韩国最严厉反腐败法律的《关于禁止不正当请托及收受财物等的法律》公布，2016 年 9 月施行。

韩国立法的细节性规定较多，实践证明，这些法律法规是便于实施和操作的。

（二）立法框架与体系分析

1. 财产登记制度

韩国《公职人员伦理法》的第二章为“财产申报公开”，共有 12 条（第 3 条至第 14 条）。

第 3 条，明确规定申报义务主体。

第 4 条，明确规定登记对象及须登记的财产范围。

第 5 条，明确规定登记时间和财产登记机关。

第 6 条、第 7 条、第 8 条规定了其他相关的财产登记事宜。

第 9 条，依法成立公职人员道德委员会。

第 10 条，对财产登记的公开作了明确规定。①

2. 利益回避制度

根据《防止腐败法》，韩国于2002 年成立了直属总统的由 9 名委员组成的腐败防止委员会，并制定了严格的内部道德准则和监察制度。规定委员必须自身清廉，并对处理腐败问题具有丰富的知识和经验。包括委员长在内的任何委员在下述情况下必须回避：一是当事人，或是共同债务人或共同债权人；二是当事人的亲属、家庭成员或当事人家族的族长；三是曾经为当事人提供证词、咨询、法律建议或损害评估；四是曾经参加过涉及案件的调查。②

此外，委员会还制定了工作人员必须遵守的内部道德准则。

3. 礼物申报制度

关于礼品的申报，1981 年韩国制定的《公职人员伦理法》第三章的第 15 条、第 16 条做了明确的规定：公务员、公职有关团体的任员和职员，接受外国或与其职务有联系的外国人（含外国团体）的礼品，必须立即向其所属机关、团体的首长申报，并上交礼品。他们的家属接受外国或与公务员、公职有关团体任员和职员有职务上关系的外国人的礼品，按同样规定申报。规定申报的礼品，应立即归国库。③

韩国颁布的《公务员保持廉洁行动纲领》，也明确规定“政府官员不得接受财务、房地产、礼物或娱乐”。

① 中央纪委法规室．国外反腐败：廉政法律法规选编［M］．北京：中国方正出版社，2002.

② 张利．韩国的《腐败防止法》和腐败防止委员会［J］．党建，2005（9）：36.

③ 中央纪委法规室．国外反腐败：廉政法律法规选编［M］．北京：中国方正出版社，2002：391.

2001 年 6 月，韩国通过《防止腐败法》。在“公职官员的净手义务”中，禁止和限制公职官员接受任何与其职务有关人员的娱乐安排、金钱、物品等，禁止和限制公职官员利用职务之便，干预人事安排或特许事务，或者进行斡旋或游说他人进行斡旋的事宜。

2001 年成立的腐败防止委员会制定了严格的内部道德准则和监察制度，规定工作人员不能把其婚丧嫁娶事宜通知除亲戚和密友外的其他人。当婚丧嫁娶事宜需要送礼金时，不准送司长及其以上级别官员超过 5 万韩元的礼金，不准送处级或处级以下官员超过 3 万韩元的礼金。为保证内部道德准则得到有效执行，任何向工作人员赠送或提供准则所不允许的娱乐活动、礼物或礼金等的行为，都要向该委员会的道德审查委员会报告，将所受礼金等返还赠送人或上缴国家。[①]

2011 年 6 月，韩国颁布《公务员行动纲领》，规定公务员和与职务相关人员一起吃饭或接受礼品馈赠时，金额不得超过 3 万韩元。[②]

2015 年 3 月，韩国出台最严厉的反腐败法《关于禁止不正当请托及收受财物等的法律》。根据该法第 2 条第 3 款，该法禁止收受的财物等包括：①金钱、有价证券、不动产、物品、住宿券、会员卡、入场券、优惠券、招待券、观览券、不动产使用权等一切财产性利益。②饮食、酒类、高尔夫等的招待以及交通、住宿等便利的提供。③免除债务、提供就业、赋予利权（能够获得利益或产生利益的权利）等其他有形、无形的经济利益。根据该法第三章（“财物等的收受禁止等”）第 8 条第 1 款规定，不论是否与职务相关，也不论是捐赠、后援、赠予等何种名义，公职人员均不得从同一人处一次收受、要求或约定收受 100 万韩元以上，或每个会计年度 300 万韩元以上的财物等。该法第 8 条第 2 款规定，不论是否具有对价性，公职人员均不得就其职务收受、要求或约定收受第 1 款规定的金额以下的财

① 张利. 韩国的《腐败防止法》和腐败防止委员会［J］. 党建，2005（9）：36.

② 冉刚. 公职人员收礼，国外怎么管？［N］. 中国纪检监察报，2013-08-07.

物等。[1]

4. 离职后再就业制度

韩国《公职人员伦理法》第四章用三条（第 17 条、第 18 条和第 19 条）对“退职公职者的就业限制”做了明确的规定。

2001 年出台的《防止腐败法》规定，如果公职人员在职期间因腐败行为被免职，3 年内不得从事原所属部门的工作，从退职之日起 5 年内不得在有关的企业中就业，否则将被勒令辞退。此外，这部法律还对虚假举报者、利用工作秘密牟取私利者、泄露秘密者等规定了相应的处罚条款。[2] 这些规定大幅增加了对公务员离职后就业的限制。

韩国的防止公职人员利益冲突制度以《公职人员伦理法》为核心，以《防止腐败法》《关于禁止不正当请托及收受财物等的法律》和《公务员保持廉洁行动纲领》等为辅助，形成了全面、系统的防止、约束制度与机制。韩国防止公职人员利益冲突制度的架构比较清晰，具有可操作性。该制度达到了有效防止公职人员利益冲突的目的。

（三）立法模式：行政伦理立法与其他法律法规相结合的立法模式

韩国采取的是行政伦理立法与其他法律法规相结合的立法模式（以下简称行政伦理立法模式）。

从 20 世纪 70 年代始，韩国制定了一系列内含行政伦理条款的法

① 李颖峰.《请托禁止法》与韩国反腐立法新动向［J］. 法学评论，2016（6）：143-154.
② 张利. 韩国的《腐败防止法》和腐败防止委员会［J］. 党建，2005（9）：36.

律法规，以规范公职人员的从政行为。如，在《大韩民国宪法》[①] 和《国家公务员法》[②]《公务员服务规定》[③]《地方公务员法》《公职人员伦理法》《〈公职人员伦理法〉实施令》[④]《〈公职人员伦理法〉实施细则》《公职人员伦理宪章》《公共事务条例》《公共机关信息公开法》《防止腐败法》等中都有专门的伦理规定或条款。[⑤]

如，2003年的《公务员保持清廉行动纲领》规定，国家公职人员一年之内接受与本人业务无关的礼品的总数不得超过15万韩元；公职人员不能接受与本人职业有关的礼金和礼品；公职人员赠送红白喜事的礼金不能超过规定的范围，并需向公职人员道德委员会如实申报。[⑥]

又如，2015年的《关于禁止不正当请托及收受财物等的法律》，[⑦] 其内容是：禁止公务人员进行不正当请托或接受不正当请托；不论赠予是否与职务相关，禁止公务人员一次性接受他人100万韩元以上的现金、等值物或招待，违反者将受到3年以下有期徒刑惩罚或支付受贿财物5倍以上的罚金；如果一次性收受财物不足100万韩

① 在《大韩民国宪法》（1948年制定，1987年第8次修改）中确立了行政伦理精神，规定：公职人员应该为全体国民服务；公职人员总的伦理标准，是把国民利益作为价值基础，而不是为特定集团局部利益服务。宪法所确立的行政伦理精神，在韩国法律法规中都有所体现。

② 《国家公务员法》确定了公务员伦理准则，基本内容包括：诚信这一伦理原则、与工作有关的具体伦理规范。该法规定，各级公务员不得在行使职权时接受他人的钱物或招待。

③ 1970年6月，韩国以总统令形式颁布《公务员服务规定》，其后又进行12次修订。该规定的最大特点，就是将韩国行政伦理的基本要求系统化、规范化，使其更具有可操作性。

④ 《公职人员伦理法》最早是以总统令的形式于1981年颁布的，旨在对行政伦理规范做出详细规定，是公务员伦理规范的法律化。主要内容包括"总则""财产申报与公开""礼品的申报""限制退职公职人员的就业""补则""惩戒和罚则"等。1993年6月又作了全面修订，修订后，在制度上保障了财产公开的实效性，进一步为反腐败政策奠定了法律基础。实行财产公开的结果，引发了韩国政治圈的震动，造成数名部长、副部长的自动辞职和整顿。7月，韩国颁布的《〈公职人员伦理法〉实施令》，又做出更具体的规定。

⑤ 2001年6月28日，韩国颁布《防止腐败法》，并于同年11月29日公布《〈防止腐败法〉实施令》。由于二者包含了许多防止利益冲突的内容，因而将韩国行政伦理法治建设提升到一个新的高度。

⑥ 韩公务员财产登记制度透明化造就清廉［N］. 新京报，2007-08-19.

⑦ 《关于禁止不正当请托及收受财物等的法律》，又名《金英兰法》。该法被称为韩国杀伤力最强的反腐败法案，以它的提案者大法官金英兰命名。

元，但与职务相关，则违反者要处以收受金额 2—5 倍的罚金；收受的财物不足 100 万韩元、与职务无关，但公务人员在一年内从同一对象处合计收到超过 300 万韩元的财物也属违法。该法案同时禁止公务人员的配偶收取贿赂。值得注意的是，公务人员不单指公务员，还包括媒体记者和编辑、私立学校的理事会成员和教师。法案规定的财物不仅包括现金、商品、门票、折扣券等有形财物，还包括交通、住宿等各种招待和提供工作、减免债务等无形的获利行为。另外，《金英兰法》详细列出不正当请托的 15 种类型，包括直接或间接向公务人员请托处理许可和执照、减免罚款惩处等行政处罚、介入人事采用和晋升、介入学校入学成绩评定等。该法案被称为世界上史无前例的框架性反腐法案。它是韩国最严厉的反腐败法案，成为依法治理人情社会和对付官商勾结的利器。①

为彻底追查、追回特定公务员犯罪者通过其犯罪行为取得的不法收益，1995 年，韩国制定了《关于公务员犯罪的没收特例法》。该法从实体上和程序上为没收公务员犯罪的不法所得提供了法律根据。2013 年，韩国对该法进行了修订（又称《全斗焕追征法》），内容包括延长追征公务员非法取得的财产时效，并将追征对象扩大到第三方。2007 年还出台了加强对贪污腐败公务员惩戒力度的《腐败公务员处罚强化对策》，延长了对存在收受钱财、接受宴请、挪用公款和贪污等腐败行为的公务员的处罚刑期。②

此外，为有效规范公职人员的行为，韩国成立了专门的机构——公务人员伦理委员会，作为中立的合议制机构，其功能非常明确，即专门负责《公职人员伦理法》中有关财产登记制度的实施和检查。

上述法律法规有一个共同的特点，即强调伦理的作用和重要性，因而，有伦理立法之称谓，且体现了防止利益冲突的内容。需要说明的是，韩国立法的细节性规定较多，实践证明，其便于实施和操作。

① 李颖峰.《请托禁止法》与韩国反腐立法新动向［J］. 法学评论，2016（6）：143-154.

② 资料来源于中共中央党校（国家行政学院）网站上公布的《韩国公务员的财产申报制度》。

第三章　我国防止公职人员利益冲突立法探索研究

一、我国防止利益冲突政策和制度的历史演进

如前所述，利益冲突概念与防止利益冲突制度起源于西方，学界将其介绍和引入中国是在20世纪90年代末及以后的事了。李雪勤于1999年9月8日在《检察日报》发表《谨防利益冲突》一文，孔祥仁于2000年在《正气》第5期上发表《防止利益冲突——欧美国家反腐新动向》一文。这当是较早的介绍性论文。2000年1月，中央纪委文件才首次使用“利益冲突”的概念。“防止利益冲突制度”首次被写进中央文件则是在2009年9月。

尽管如此，国内在2000年以前却不断有一些与防止利益冲突制度相类似的党内文件与法律法规出台。

有学者甚至说，我国最早提出与利益冲突意思相近的制度规范是关于党员领导干部的党内规定。我国规制私营部门利益冲突的法律制度规范最早见于1993年制定的《公司法》，该法第52条第4款规定：“董事、经理及财务负责人不得兼任监事。”体现了防止利益冲突的宗旨。[①] 这是有些道理的。

---

① 刘忠.《联合国反腐败公约》视域下私营部门利益冲突问题研究［D］. 大连：大连海事大学，2011.

（一）我国防止利益冲突政策和制度发展的纵向勾勒（按年代）

1978 年党的十一届三中全会之后，我国开始实行改革开放政策，经济和社会由此开始转型。与西方国家所经历的一样，我国在经济与社会发展取得巨大成就的同时，也产生了诸多社会矛盾，其中，利益冲突是直接的表现形式之一。针对日益严重的腐败现象，党和政府高度重视，并开始了反腐倡廉制度建设的探索和实践。在出台的法规、政策中，尽管没有出现“防止利益冲突”等字眼，但不少内容却涉及防止利益冲突。据统计，1979—2011 年，共有 58 次中央纪委全会、110 余项法律法规及政策涉及防止利益冲突内容。①

1979—2023 年，反腐倡廉制度建设史大致可以分为三个时期。

1. 禁止党政干部收受礼品、经商和兼职等与民争利行为的时期（1980—1991 年）

随着改革开放的进行，“官倒”以及党政干部收受礼品、经商办企业等行为逐渐增多。针对这一类腐败问题，党和政府出台了一批禁止性的政策文件和规定。如，《关于禁止在对外活动中送礼、受礼的决定》（中共中央，1980 年），《关于严肃党纪、杜绝“关系户”不正之风的通告》（中共中央纪委，1981 年），《关于党政机关在职干部不要与群众合办企业的通知》（中办、国办，1984 年），《关于严禁党政机关和党政干部经商、办企业的决定》（中共中央、国务院，1984 年），《关于党政机关干部不兼任经济实体职务的通知》（中办、国办，1985 年），《关于进一步制止党政机关和党政干部经商、办企业的规定》（中共中央、国务院，1986 年），《关于清理整顿公司的决定》（中共中央、国务院，1988 年），《关于县以上党和国家机关退（离）休干部经商办企业问题的若干规定》（中办、国办，1988

① 中央纪委监察部廉政理论研究中心：关于防止利益冲突工作的调研［N］. 中国纪检监察报，2012-04-25.

年)，《关于清理党和国家机关干部在公司（企业）兼职有关问题的通知》（中办、国办，1989 年），等等，以解决党政干部与民争利的问题，以及日渐严重的腐败问题。

客观地说，这一时期的制度建设还处于应急式的初级阶段，存在制度设计或过于笼统，或缺失责任追究条款等不足。执行效果不甚理想。

2. 专项治理腐败的时期（1992—1999 年）

在建立社会主义市场经济体制的过程中，由于体制、机制的不完善，腐败问题变得越来越突出。党和政府在不断加强党内法规与制度建设的同时，开展专项治理党员领导干部的腐败和违纪问题行动，并确立了领导干部廉洁自律、查办违法违纪案件、纠正部门和行业不正之风的反腐败三项工作格局。

如，1993 年 10 月，中共中央、国务院颁布《关于反腐败斗争近期抓好几项工作的决定》，明确规定公务员不准经商办企业，不准从事有偿中介活动，不准利用职权为配偶、子女和其他亲友经商办企业提供任何优惠条件。1995 年 4 月，中办、国办颁布了《关于党政机关县（处）级以上领导干部收入申报的规定》。1997 年 1 月，中办、国办印发《关于领导干部报告个人重大事项的规定》，同年 3 月中共中央委员会发布《中国共产党党员领导干部廉洁从政若干准则（试行）》，在防止利益冲突方面做了较为详细的规定。1998 年，中央又出台了《关于中央党政机关与所办经济实体和管理的直属企业脱钩有关问题的通知》。

又如，关于礼品方面的限制与禁止规定有：《国务院关于在对外公务活动中赠送和接受礼品的规定》（1993）、《关于对党和国家机关工作人员在国内交往中收受礼品实行登记制度的规定》（1995）、《国家行政机关及其工作人员在国内公务活动中不得赠送和接受礼品的规定》（1988）。

1993 年 5 月，中共中央办公厅和国务院办公厅下发《关于党政机关工作人员在公务活动中严禁接受和赠送礼金和有价证券的通知》，对党政机关及其工作人员接受和赠送礼金和有价证券问题做出了进一步的规定，同时要求“各级审计机关要把赠送礼金和有价证券问题作为审计监督的一项经常性内容”。此后，《国务院纠正行业不正之风办公室关于清理党政机关及其工作人员利用职权无偿占用企业钱物的实施意见》，对清理党政机关及其工作人员利用职权无偿占用企业钱物的工作问题再次提出了明确要求，并要求各级检察院坚决贯彻执行。

这些都表明，防止公共机构和国家工作人员以权谋私的制度建设进入专项治理的新阶段。不过，这一时期的制度建设带有运动反腐的特点，尽管针对性较强，但缺乏程序设计，因而执行力仍然有限。

3. 建立健全防止利益冲突制度时期（2000 年至 2012 年 10 月）

进入 21 世纪后，腐败和利益冲突问题日益引起党和国家的警觉和重视。党中央、国务院多次部署并组织制定、修订多部党内法规、规章和规范性文件，不断建立健全防止利益冲突制度。

2000 年 1 月，十五届中央纪委四次全会发表公报，明确提出：“省（部）、地（厅）级领导干部的配偶、子女，不准在该领导干部管辖的业务范围内个人从事可能与公共利益发生冲突的经商办企业活动。”这是在中央纪委全会文件中首次使用“利益冲突”的概念。同年 5 月，中央纪委印发了《关于“不准在领导干部管辖的业务范围内个人从事可能与公共利益发生冲突的经商办企业活动”的解释》和《省（部）级领导干部配偶、子女个人经商办企业或在外商独资企业、中外合资企业任职情况登记表》。

2001 年 2 月，中央纪委印发了《关于省、地两级党委、政府主要领导干部配偶、子女个人经商办企业的具体规定（试行）》。同年 6 月，中央纪委、中央组织部颁布了《关于省部级现职领导干部报告家庭财产等信息的规定（试行）》。

2004年，中央纪委、中央组织部、监察部、国务院国资委联合发布了《国有企业领导人员廉洁从业若干规定（试行）》。

2006年6月，中办印发《党政领导干部任职回避暂行规定》，对党政干部的任职回避、公务回避和地区回避方面做出了具体要求。

2007年5月，中央纪委下发《关于严格禁止利用职务上的便利谋取不正当利益的若干规定》，提出了以防止利益冲突为主要内容的“八条禁令”。这些党内法规的出台都有力地推动了防止利益冲突制度建设。

2008年6月25日，中纪委、中组部印发《关于规范中管干部辞去公职或者退（离）休后担任上市公司、基金管理公司独立董事、独立监事的通知》（中纪发〔2008〕22号）。

2009年9月，党的十七届四中全会通过《中共中央关于加强和改进新形势下党的建设若干重大问题的决定》，提出建立健全防止利益冲突制度。这是第一次以中央文件的形式，对防止利益冲突制度建设做出具体部署。同年颁布的《国有企业领导人员廉洁从业若干规定》，也对防止国企领导人员利益冲突做出了明确的规定。

2010年1月，胡锦涛同志在十七届中央纪委五次全会上指出，要进一步建立健全防止利益冲突制度，形成预防腐败的长效机制。此外，十七届中央纪委三次、四次、五次、六次、七次全会也都一再指出，必须建立健全防止利益冲突制度。

2010年2月，修订颁布的《中国共产党党员领导干部廉洁从政若干准则》，以防止利益冲突为基础，针对党员领导干部提出了“八大禁止、52个不准”，还将社会广泛关注的热点问题纳入新准则中。如在该文件的第1条第6款中，将“违反规定多占住房，或者违反规定买卖经济适用房、廉租住房等保障性住房”列入“不准”行为；另外，第3条第5款的“用公款参与高消费娱乐、健身活动和获取各种形式的俱乐部会员资格”，第6款的“违反规定用公款购买商业保险，缴纳住房公积金，滥发津贴、补贴、奖金等”也被列入“不准”行为。这些新增规范要求，及时弥补了我国相关制度的缺漏，能有效防止新生的利益冲突。

2010年5月，中共中央办公厅、国务院办公厅印发《关于对配偶子女均已移居国（境）外的国家工作人员加强管理的暂行规定》（中办发〔2010〕15号）（以下简称《暂行规定》）。《暂行规定》共12条，主要内容包括：一是明确了适用范围，对配偶子女均已移居国（境）外的具体情形作了界定。二是为了解《暂行规定》适用人员配偶子女移居国（境）外的有关情况，规定了报告制度。三是为保守国家秘密、防止利益冲突，对《暂行规定》适用人员的任职岗位调整、办理公共事务时的回避等问题做了规定。四是对《暂行规定》适用人员办理因私出国护照和往来港澳台地区的通行证件、申请因私出国（境）或者移居国（境）外等事项及其出入境证照的管理等问题做了原则性规定。五是明确选拔任用《暂行规定》适用人员，应当在考察时全面了解本规定涉及的相关情况。

2010年5月，中共中央办公厅、国务院办公厅印发《关于领导干部报告个人有关事项的规定》，首次将官员的投资和房产等情况纳入报告范围，同时，婚姻变化和配偶、子女移居国（境）外、从业等事项也必须报告。这当是最为严厉的防止公职人员利益冲突制度。

2011年4月13日，中央纪委、监察部、国家预防腐败局在北京、浙江、湖北、湖南、广东、四川、甘肃等7个省市开展防止利益冲突制度建设的试点工作。4月26日，中央纪委下发《关于以完善防止利益冲突制度为重点，对照〈廉政准则〉清理相关法规和规范性文件的通知》，部署各中央国家机关开展“以完善防止利益冲突制度为重点，加强制度建设，进一步贯彻落实《廉政准则》”专项工作。这表明党和政府在有步骤地推进防止利益冲突立法的探索工作。

一些中央国家机关在防止利益冲突制度建设方面也进行了有益的探索。如：2011 年 2 月，最高人民法院印发了《关于对配偶子女从事律师职业的法院领导干部和审判执行岗位法官实行任职回避的规定（试行）》，在法官私人利益与社会公共利益最容易发生冲突的关键部位打造了“廉政隔离墙”。2012 年 2 月，最高人民法院又印发《关于人民法院落实廉政准则防止利益冲突的若干规定》，旨在从源头上预防和治理司法腐败。2012 年 11 月，国家工商行政管理总局颁布防止利益冲突的三个规定：《公务员退休离职后从业行为的暂行规定》《关于处级以上领导干部配偶、子女及其配偶以及其他亲属经商、办企业的暂行规定》《机关工作人员防止利益冲突暂行规定》，不断推进制度建设。2012 年 8 月，海关总署党组出台四项防止利益冲突廉政制度：《海关党员领导干部廉洁从政若干规定》《海关工作人员廉政纪律若干规定》《海关工作人员六项禁令》《海关落实防止发生利益冲突行为有关规定的实施办法（试行）》。同年 12 月，海关总署党组进一步强化防止利益冲突廉政制度执行和专项清理整治工作。

一些省市在防止利益冲突制度建设方面也进行了有益的探索。其中，浙江省的防止利益冲突探索最富有成效。

2005 年，时任浙江省委书记习近平对探索防止利益冲突工作、预防和解决腐败问题做出战略思考和决策部署，并就解决领导干部兼职取酬、干预经济活动等问题多次做出重要指示。浙江省委、省纪委先后就这些问题出台一系列单项制度。如《关于规范省管干部辞去公职或退（离）休后担任上市公司、基金管理公司独立董事、独立监事的通知》，对领导干部辞职后的从业行为做出严格限制；《关于严禁向党政干部发放招商引资奖金的通知》，要求一律不得向党政干部发放任何形式的招商引资奖金等物质性奖励，党政机关领导干部除中央允许的投资行为外，一律不准有经商办企业包括投资入股行为。

针对领导干部离职后“下海”、亲属经商办企业搞“一家两制”等问题，2010 年 12 月，浙江在全国率先以省委文件形式出台了《浙江省党员领导干部防止利益冲突暂行办法》，探索如何把亲情、熟人关系与公共权力隔离开来。希望通过体制性改革阻断公职人员以权谋私的渠道，使公共权力与私人利益相分离，从而达到有效预防腐败的目的。该文件明确了防止利益冲突的概念、对象、责任主体等基本问题，针对党员领导干部在利益冲突方面存在的突出问题，提出了 9 个方面的具体行为限制。既限制党员领导干部本人行为，又限制党员领导干部配偶、子女等亲属的从业行为，防止发生利益输送问题。同时，提出了相应的处置措施，形成了符合实际、富有特色、便于操作的防止利益冲突制度体系。①

针对民营经济发达、利益主体多样化的实际，浙江先行先试，在防止利益冲突的单项制度方面进行了积极探索。一是在离职行为限制方面，制定下发了《贯彻实施〈关于党政领导干部辞职从事经营活动有关问题的意见〉的若干规定（试行）》，对县级以上地方党政机关领导成员以及内设机构的领导成员的辞职条件、辞职程序、辞职后从业行为的限制和监督等做出具体规定。二是在兼职取酬方面，出台了《关于规范党政领导干部兼职问题的若干规定》，明确规定不得再审批党政领导干部到企业等经营性单位兼职。同时，规定党政领导干部经批准兼任职务的，应按工资管理关系在主要任职机关领取工资、奖金及享受福利待遇，不得在兼职单位领取任何形式的报酬。此后，又出台了《关于规范公务员在事业单位兼职的若干规定》。三是在个人报告有关事项方面，制定了《关于党员领导干部报告个人有关事项规定的实施办法》，规定领导干部应当报告本人婚姻变化，持

① 防止利益冲突的浙江实践［N］. 浙江日报，2017-07-20.

有因私出国（境）证件，因私出国（境），与外国人、港澳台居民通婚，配偶、子女出国（境）定居，配偶、子女私人在国（境）外经商办企业等有关情况。四是在回避制度方面，制定了《关于各级党政机关中层以上领导干部实行回避问题的意见》，规定党政机关中层以上领导干部必须实行职务回避和公务回避。①

经过多年的实践，浙江省已经形成了以《浙江省党员领导干部防止利益冲突暂行办法》为主、其他单项制度为补充的防止利益冲突制度体系。

浙江省各地市都积极制定防止利益冲突制度。2008 年，瑞安市探索出台了《行政事业单位工作人员利益冲突回避暂行规定》，下发了“行政事业单位工作人员利益冲突回避信息表”，要求各级国家工作人员认真填写，并将副科级以上干部信息表上报市纪委，建立市级利益冲突回避信息库。2009 年 7 月，温州市委、市政府率全国之先，出台了《温州市国家工作人员利益冲突回避暂行办法》。该暂行办法规定了国家工作人员的行为规范、回避制度以及处罚。之后，还出台了《温州市防止领导干部利益冲突办法（试行）》《温州市关于领导干部配偶、子女及其配偶从业行为“五个不准”的通知》《温州市关于党员干部和国家工作人员参与民间借贷、投资理财行为“五个严禁”的通知》《温州市国土资源系统基层所负责人监察执法回避暂行办法》等系列制度。杭州市出台《杭州市关于防止国家工作人员在公共资源交易、公共产品采购、公共资产管理中发生利益冲突的若干规定（试行）》，切实加强“三公”领域的防止利益冲突工作。

此外，从国家立法层面看，在《公务员法》《审计法》《证券法》《行政监察法》等涉及公务员从政行为规范的法律法规中，也都有防止利益冲突的相关规定。《法官法》《检察官法》以及《刑事诉讼法》《民事诉讼法》《行政诉讼法》中，都有司法官员利益回避的

① 颜新文，沈廉轩. 让“冲突回避”成为行为规范：浙江建立健全党员领导干部防止利益冲突制度综述［N］. 中国纪检监察报，2011-05-14（1）.

相关规定。[①] 如，2012 年通过的《刑事诉讼法》专门以一章的篇幅规定司法人员的“回避”（见第 28 条至第 31 条）。

4. 持续推进防止公职人员利益冲突立法的十年时期（2012 年 11 月—2022 年 10 月）

2012 年 11 月 8 日，中国共产党第十八届代表大会召开。党的十八大报告更是强调要“防控廉政风险，防止利益冲突，更加科学有效地防治腐败”，以“永葆共产党人清正廉洁的政治本色”。这充分体现了党中央建立健全防止利益冲突制度、科学有效地防治腐败的决心。历史进入新时代与新时期。

党的十八大以来的十年，是以习近平同志为核心的党中央全面从严治党、重拳反腐的十年，是中央八项规定发布的十年，是营造风清气正社会环境的十年。这十年来，党中央向党和人民交出了优异的答卷。2022 年 6 月 30 日，中共中央宣传部举行“中国这十年”系列主题新闻发布会，中央纪委国家监委宣传部部长王建新介绍，党的十八大以来，截至 2022 年 4 月底，“全国纪检监察机关共立案审查调查 438. 8 万件、470. 9 万人。反腐败斗争取得压倒性胜利并全面巩固”[②]。

2022 年 6 月 17 日，习近平总书记在十九届中央政治局第四十次集体学习时指出，党的十八大以来，我们在反腐败斗争中取得了显著成效、积累了重要经验。其中一条就是，“扎紧防治腐败的制度笼子，形成了一整套比较完善的党内法规体系和反腐败法律体系，增强制度刚性，防止‘破窗效应’，贯通执纪执法，强化综合效能，确保各项法规制度落地生根”。

十年中，党内法规制定工作硕果累累。2021 年 7 月，习近平总书记在庆祝中国共产党成立 100 周年大会上宣布，我们党“坚持依规

① 王治国.“防止利益冲突”在中国［N］. 检察日报，2011-11-01.

② 数据来源于新华社发布的文章《五组数据解析正风反腐这十年》。

治党、形成比较完善的党内法规体系”。党的十八大以来，共制定修订中央党内法规156部，占现行有效中央党内法规的70.5%，其中制定修订起“四梁八柱”作用的准则、条例45部，占现行有效准则、条例的90%。按照党中央部署，中央纪委、党中央有关部门和各省区市党委大力推进本领域本地区建章立制工作，有针对性出台配套党内法规，为形成比较完善的党内法规体系“添砖加瓦”。

兹枚举几部重要的党内法规与规范性文件：

2013年10月，中央组织部印发了《关于进一步规范党政领导干部在企业兼职（任职）问题的意见》，提出凡按规定经批准在企业兼职的党政领导干部，不得在企业领取薪酬、奖金、津贴等报酬；兼职不得超过1个；连任不超过两届；兼职的任职年龄界限为70周岁。

2014年6月，中共中央组织部印发了《关于规范退（离）休领导干部在社会团体兼职问题的通知》（中组发〔2014〕11号）。

2015年8月，新修订的《中国共产党巡视工作条例》正式颁布实施。

2015年10月、2018年8月两次修订的《中国共产党纪律处分条例》，将党章对纪律的要求整合为“六项纪律”，并突出强调政治纪律和政治规矩，对管党治党中的突出问题，特别是习近平总书记反复强调的“七个有之”问题做出更有针对性的规定，不断完善制度。

2016年7月，《中国共产党问责条例》正式出台，标志着问责工作迈出制度化、规范化、常态化的关键一步。

2016年10月修订的《中国共产党党内监督条例》，将落实全面从严治党责任，严明党的纪律特别是政治纪律和政治规矩，推进党风廉政建设和反腐败工作情况明确为党内监督的主要内容之一。

2021年3月，《中共中央关于加强对“一把手”和领导班子监督的意见》正式发布。这是针对“一把手”和领导班子监督制定的首个专门文件，是对各级主要领导干部监督制度和领导班子内部监督制度的进一步集成完善。

2021 年 9 月，中央纪委国家监委与中央组织部、中央统战部、中央政法委、最高人民法院、最高人民检察院联合印发了《关于进一步推进受贿行贿一起查的意见》（中纪发〔2021〕6 号），对进一步推进受贿行贿一起查做出部署。

2022 年 2 月，中共中央办公厅印发了《关于加强新时代廉洁文化建设的意见》。该文件强调，必须站在勇于自我革命、保持党的先进性和纯洁性的高度，把加强廉洁文化建设作为一体推进不敢腐、不能腐、不想腐的基础性工程抓紧抓实抓好。

2022 年 6 月，中共中央办公厅印发了《领导干部配偶、子女及其配偶经商办企业管理规定》，对领导干部配偶、子女及其配偶经商办企业管理的适用对象和情形、工作措施、纪律要求等做出明确规定。

十年中，据不完全统计，共制定了以《监察法》为中心的反腐败国家法律法规数十部。如围绕国家监察体制改革，先后制定了《公职人员政务处分法》《监察官法》《监察法实施条例》等。还修改了《刑法》，进一步完善贪污受贿犯罪的定罪量刑标准，加大了对行贿犯罪的处罚力度。修改了《刑事诉讼法》，完善与《监察法》的衔接机制，保障国家监察体制改革顺利进行，增设刑事缺席审判制度，等等。

而这些党内法规与反腐败国家法律法规，大多涉及防止利益冲突的内容。

此外，省市层面也出台大量防止利益冲突的法规，内容丰富，涉及面广。

2015 年，浙江省出台了《关于防止领导干部在公款存放方面发生利益冲突和利益输送的办法》，以市场竞争、集体决策、利益申报和回避为主要抓手，从源头上解决领导干部“以权揽储”问题。

2016 年 4 月，参照《浙江省党员领导干部防止利益冲突暂行办法》，义乌市研究出台《关于规范党员干部及国家公职人员“一家两制”管理的暂行办法》，在公布负面清单的同时，探索建立健全“一家两制”事项申报制度、防止利益冲突和回避制度等配套措施。[①]

江苏省江阴市《关于构建“亲”“清”新型政商关系的意见》的出台，除规范了干部行为，也使纪委监委的监督工作更有规可依。

2018年12月，中共浙江省委办公厅印发《浙江省防止领导干部房产交易违纪违法行为规定》，明确领导干部房产交易行为的正面清单和负面清单。

2019年12月31日，中共浙江省委办公厅印发的《浙江省防止领导干部违规参与民间借贷行为规定（试行）》开始施行，旨在进一步规范领导干部违规参与民间借贷行为，防止引发廉政风险，促进领导干部廉洁从政。

2021年9月，浙江省委出台《关于规范领导干部廉洁从政从业行为 进一步推动构建亲清政商关系的意见》，进一步严惩涉企歪风和腐败行为，推动亲清政商关系不断升级。该文件明确规定，严禁违规经商办企业或者从事其他营利性活动，严禁不当政商和社会交往行为，严禁离职或者退（离）休后在规定期限内违规从事相关活动，严禁配偶、子女及其配偶违规从事可能影响公正执行公务的活动，严禁其他亲属及特定关系人违规从事可能影响公正执行公务的活动等“五个严禁”。[②]

2022年2月，杭州市制定出台《关于规范领导干部廉洁从政从业行为 进一步推动构建亲清政商关系的实施细则（试行）》，推动

---

① 《关于规范党员干部及国家公职人员“一家两制”管理的暂行办法》以负面清单方式提出了不得谋取不正当利益的“7个不准”和不得搞利益输送的“11个不准”。用18条“红线”划清了权力边界，严格区分了合法经营理财与“以权谋私、利益输送”之间的界限。此举既防范利益冲突，又保障了党员干部家庭的正当利益，倡导党员干部近亲属建立严格遵纪守法、诚实经营、创业创新的经营发展理念。颜新文，丁谨之，吕玥．防范利益冲突 防止利益输送［N］．中国纪检监察报，2017-07-29（4）．

② 颜新文，杨文虎．铁拳硬招构建亲清政商关系［EB/OL］．（2022-06-06）．http：//www. zjsjw. gov. cn/zhuantizhuanlan/QQZSGX/ZDGZ/202205/t20220524_6151626. shtml．

构建亲而有度、清而有为的亲清政商关系。①

杭州市纪委监委聚焦领导干部防止利益冲突事项自查自纠，领导干部违规借贷专项治理“回头看”以及规范领导干部配偶、子女及其配偶经商办企业行为三个方面，在全市部署开展影响亲清政商关系突出问题专项治理，覆盖全体在职以及近三年以来退休、离职的市管领导干部。台州市路桥区把亮晒“家事”“家产”作为提任科级领导干部的规定动作，将个人及家庭债权债务情况、配偶及子女从业及投资情况等内容进行公示，主动接受群众监督。②

为加快构建亲清新型政商关系，一些省市纷纷出台文件规范政商交往行为，推动构建亲清政商关系，厘清交往界限，为政商交往提供“明白卡”。

2019 年 4 月，山东省纪委监委印发《关于规范政商交往推进构建亲清新型政商关系的工作意见（试行）》，为推动企业持续健康发展提供作风和纪律保障。该意见明确列出政商交往的 9 项“正面清

① 该实施细则共分为 6 章 30 条，包括行为限制、报告与回避、管理与监督、责任追究与激励保障等。比如，在行为限制中，明确规定了严禁领导干部违规从事可能影响公正执行公务的营利性活动，严禁领导干部辞去公职或者退休后在规定期限内利用原任职务影响谋取私利，严禁配偶、子女等特定关系人违规从事可能影响领导干部公正执行公务的个人营利性活动或者社会交往行为等具体情形。与之一并出台的，还有亲清政商交往“正面清单”“负面清单”“倡导清单”等三张清单。“正面清单”具体细化为 10 个“坚持”，主要体现在认真贯彻落实涉企重大决策部署、深化数字化改革、加强行业党建引领、强化政商良性互动、加强和创新监管、维护公平竞争秩序、兑现政府承诺事项、办理涉企案件、服务推动行业发展等方面引导领导干部敢于担当作为。“负面清单”则是为领导干部划定政商交往红线，树立底线思维，通过 10 个“不得”明确领导干部在经商办企业、投资理财、兼职、民间借贷、行使职权、接受宴请、规范特定关系人等方面的纪律红线、法律底线。“倡导清单”中 10 个“争当”，则是面向广大非公有制经济人士，鼓励其建言献策、反映实情，主动参与到重大决策部署实施中来，实现非公有制经济健康发展和非公有制经济人士健康成长。

② 颜新文，杨文虎．铁拳硬招构建亲清政商关系［EB/OL］．（2022-06-06）．http：//www．zjsjw．gov．cn/zhuantizhuanlan/QQZSGX/ZDGZ/202205/t20220524_6151626．shtml．

单”和9项“负面清单”。[①]

2020年7月，湖南省纪委监委印发《关于规范政商交往推动构建亲清政商关系的意见》[②]，既督促党政机关和公职人员认真履职，与企业正常交往，又列出负面清单，厘清交往界限，为政商交往提供了一张“明白卡”。

2020年11月，中共河南省委办公厅、河南省人民政府办公厅印发了《关于规范政商交往行为构建亲清政商关系的若干意见》，规定政商交往负面清单：党政机关及其工作人员在政商交往中，应当自觉遵守党规党纪、法律法规，坚决防止权钱交易、商业贿赂等问题损害

---

① “负面清单”规定，与企业发展密切相关的机关单位及其工作人员尤其是领导干部，在与企业及其负责人交往中，应坚守底线、不碰红线，不得从事以下行为：本人或者纵容、默许配偶、子女及其配偶和其他特定关系人从企业谋取利益，以及违反规定与管辖的区域或者业务范围内企业发生可能影响公正执行公务的经营活动；收受企业及其负责人赠送的可能影响公正执行公务的礼品、礼金、消费卡和有价证券、股权、其他金融产品等财物，借与企业交往之机或者以提供中介服务为名向企业及其负责人收取费用或者索取其他好处；以本人、配偶、子女及其配偶和其他特定关系人名义向企业筹资、借款、借车、借房，影响公正执行公务的，由企业及其负责人支付应由单位或者个人负担的费用；接受企业及其负责人提供的可能影响公正执行公务的宴请或者旅游、健身、娱乐等活动安排；违反有关规定取得、持有、使用企业赠送的健身卡、消费卡，或者接受企业及其负责人邀请，违反有关规定出入私人会所；以本人、配偶、子女及其配偶和其他特定关系人名义参股或者持有非上市企业的股份或者证券，违反规定安排配偶、子女及其配偶和其他特定关系人到企业任高级职务或者挂名领薪；滥用职权，干预和插手市场经济活动，为企业及其负责人谋取不正当利益或者损害企业合法权益，干预和插手企业具体经营管理活动，妨碍企业健康发展，玩忽职守，损害企业合法利益；对企业乱检查、乱摊派、乱收费、乱罚款、乱募捐，在审批监管、资源开发、金融信贷、大宗采购、土地使用权出让、房地产开发、工程招投标等环节利用职权吃拿卡要、索贿受贿，以及政务服务不作为、慢作为、乱作为、假作为，以及其他政商交往中违反党规党纪和法律法规的情形。魏然，鲁纪轩. 山东出文件厘清政商交往定位 规范政商交往行为［N］. 大众日报，2019-04-22.

② 该文件从谋取个人私利、违规获取薪酬、违规收受财物、违规干预经营、滥用监管职权等5个方面列出了政商交往12项负面清单。其中要求，不得向企业及其负责人托办个人事项、承揽企业业务、摊派或报销应由单位或个人负担的费用、借贷资金、变相占用物品等。除本人不得违规在企业领取薪酬、咨询费或其他好处，也不得违规安排配偶、子女及其配偶等亲属和其他特定关系人到企业担任高级职务或挂名领薪、兼职取酬。不得收受企业及其负责人赠送的可能影响公正执行公务的财物，以及提供的宴请或旅游度假、娱乐保健等活动安排。不得违规干预和插手市场经济活动、制定实施歧视性政策措施、区别对待各类市场主体、在行政管理中滥用自由裁量权、在监督管理服务中吃拿卡要、人为设置障碍等。省纪委监委规范政商交往行为：鼓励正常交往列出负面清单［N］. 湖南日报，2020-07-22（1）.

政商关系和营商环境，严格做到“九不得”①。

2020 年 12 月，宁夏回族自治区纪委监委出台《关于规范政商交往行为推动构建亲清政商关系的意见（试行）》，进一步厘清政商交往边界、规范政商交往行为，为政商交往提供了一张“明白卡”，推动政商交往亲而有度、清而有为，着力构建亲清政商关系，持续优化营商环境和政治生态。②

2021 年 10 月，黑龙江省委出台了《黑龙江省构建亲清政商关系行为清单》，清单列出了政商交往正面、负面行为各 10 项。既防止“亲”而不“清”，以权谋私、权钱交易、行贿受贿；又防止“清”

① “九不得”：不得向企业乱伸手；不得在监督管理服务中人为设置障碍、选择性执法；不得在资金安排、土地供应、税费减免、项目招标、政府采购等方面制定实施歧视性政策；不得在联系企业过程中只挂名不履职、只联络不服务；不得收受可能影响公正执行公务或明显超出正常礼尚往来的财物，接受企业宴请或旅游、健身、娱乐等活动安排，向企业摊派、报销应当由所在单位或个人负担的费用；不得违规干预和插手企业项目选定、招标、工程建设、采购销售等市场经济活动；不得违规在企业兼职、挂靠或借用资格资质证书；不得以刑事案件名义等违规插手企业经济纠纷；不得“新官不理旧账”，只承诺不兑现。河南省印发《关于规范政商交往行为构建亲清政商关系的若干意见》[EB/OL].（2020-11-20）. https：//www. ly. gov. cn/html/1/2/4/8/410/412/10932436. html.

② 该文件通过正面清单和负面清单相结合的方式，既打通了政商积极交往的通道，又厘清了政商规范交往的边界。规定党政机关及其公职人员经批准，可以参加企业或行业协会、商会举办的、旨在听取企业诉求的公开商务活动，也可以组织企业或行业协会、商会参加推广产业、推介产品、交流合作的洽谈会、展销会、博览会等商贸活动，以及提升产业、培养人才、提高经营管理水平的培训活动，并明确了上述活动的就餐及差旅费用等方面的规定。该文件同时列出了党政机关及其公职人员特别是领导干部在与企业及其经营者交往中不得违规托办个人事项或承揽企业业务、摊派或报销费用、借贷资金或参股持股、收受礼品财物、安排挂名领薪或兼职取酬、制定或实施歧视性政策措施、违规干预和插手市场经济活动、漠视企业正当诉求、“新官不理旧账”等 12 项负面清单，为政商交往标明红线。宁夏：出台意见规范政商交往行为 [EB/OL].（2020-12-18）. https：//www. 360kuai. com/pc/9e0ab557f59de350a? cota = 3&kuai_ so = 1&tj_ url = so_ vip&sign = 360_ 57c3bbd1&refer_ scene = so_ 1.

而不“亲”，为官不为、懒政怠政、拒商远商。[①]

2022年3月，《海南省政商交往行为指引清单（试行）》出台，列出党政机关和公职人员政商交往正面清单10项、负面清单5项，推动海南党政机关和公职人员依法依规、坦荡真诚同市场主体和企业家接触交往。[②]

（二）我国防止利益冲突政策和制度发展的横向勾勒（按专题）

1. 财产申报制度方面

有学者梳理，从20世纪80年代起，我国就开始探索公职人员财产申报制度实现路径，[③] 当时财产申报人员仅局限于公职人员中的领导干部。

1994年，全国人大常委会首次在立法层面对财产申报加以讨论，但由于各种条件不成熟，立法后续程序停滞不前。

1995年4月20日，中共中央办公厅、国务院办公厅发布《关于

① 正面清单包括：提高政治站位、要公平对待市场主体、要推动政策落实、要主动联系企业和商（协）会、加强政商交流、提供高效服务、要助力企业发展、要帮助企业排忧解难、要规范行政执法监管行为、要诚信守法履约践诺等大方面的要求，也明确了因工作需要可以按公务接待标准在企业、商（协）会职工食堂、会议餐厅用工作餐，用餐应缴纳费用等细节。负面清单包括：不得增加企业负担；不得滥用职权；不得懒政怠政推诿拖延；不得违规收受财物；不得违规干预经营；不得谋求私利；不得违规吃请；不得“新官不理旧账”；不得违反保密纪律，向企业泄露工作中获得的信息，为企业从事营利性活动提供帮助；不得实施违反党规党纪、法律法规规章侵害企业利益的其他行为。刘洁，朱波. 黑龙江出台政商交往行为“双面清单”［EB/OL］.（2021-10-13）. http://www.cbt.com.cn/df/202110/t20211013_267661.html.

② 党政机关和公职人员政商交往正面清单有10项，包括：认真落实惠企政策、全力助推经贸活动、主动联系服务企业、畅通政企沟通机制、提升政务服务能力、提高监管执法水平、平等对待市场主体、坚决做到守信践诺、维护企业合法权益、注重维护企业声誉。党政机关和公职人员政商交往负面清单有5项，即“五禁止”：禁止不公平行为、禁止不诚信行为、禁止不依法行为、禁止不尽责行为、禁止不廉洁行为。还规定对政商交往行为的常态化监督，对违规违纪问题依规依纪依法处理，同时对因政商交往受到不实举报的公职人员及时澄清正名。海南发布政商交往行为指引清单［N］. 人民日报，2022-03-21（9）.

③ 乔亚南. 我国财产申报内容的反思、重构及其精细化设计：全面申报原则的坚持及其实现［J］. 求是学刊，2018，45（4）：107-113.

党政机关县（处）级以上领导干部收入申报的规定》，首次以规范文件形式对财产申报主体、申报范围、申报时间、受理部门等内容进行了明确规定。但申报主体范围过窄，只包括领导干部本人收入，受理部门也仅负责备案而不进行核查。

1997 年，中共中央办公厅、国务院办公厅发布了《关于领导干部报告个人重大事项的规定》，要求副处级以上干部必须向组织人事部门汇报本人及配偶、子女的 6 类重大事项，包括婚姻、移民、就业、收入、房产、投资等事项。这次规定扩大了申报主体，也增加了新的申报项目。

2001 年 6 月，中纪委、中组部印发《关于省部级现职领导干部报告家庭财产等信息的规定（试行）》。该规定再一次强调个人财产申报扩大到家庭范围，在任期内的省部级领导干部必须进行家庭财产申报。同时细化了申报项目范围，将有价证券、1 万元以上的债权债务等内容列入其中，较之前的收入范围更为细致。

《联合国反腐败公约》第 52 条第 5 款明确规定："各缔约国均应考虑根据本国法律对有关公职人员确立有效的财产申报制度。"我国作为该公约的缔约国，应积极兑现承诺，尽早制定公职人员财产申报法。

2006 年，中央办公厅发布《关于党员领导干部报告个人有关事项的规定》。

2009 年，我国首个公职人员财产公开制度试点工作在新疆维吾尔自治区阿勒泰地区率先展开。该地区的公职人员对财产进行申报后，受理机关会将申报的财产信息公布在指定网站上，面向社会公开。此外，试点地区将科级干部也纳入公职人员申报财产范围之中。

2010 年，中共中央办公厅、国务院办公厅共同印发了《关于领导干部报告个人有关事项的规定》。在申报主体、申报内容等方面均作了更加明确细致的规定。对领导干部的财产申报内容进一步扩大和细化，较之前的规定更为全面。该规定同时废止了 1995 年发布的

《关于党政机关县（处）级以上领导干部收入申报的规定》和2006年发布的《关于党员领导干部报告个人有关事项的规定》。

2013年1月22日，习近平总书记在十八届中央纪委二次全会上明确提出，要善于运用法治思维和法治方式反对腐败，加强反腐败国家立法。

2014年10月23日，中共中央十八届四中全会通过的《中共中央关于全面推进依法治国若干重大问题的决定》再次强调，加快推进我国反腐败立法，坚决遏制和预防腐败现象。

2014年，中共中央组织部发布《领导干部个人有关事项报告抽查核实办法（试行）》，首次明确组织部门以随机抽查和重点核查两种方式开展申报内容核实工作。

2014年末，中央组织部印发《关于做好2015年领导干部报告个人有关事项工作的通知》，首次部署“凡提必核”要求，具体指凡是拟提拔为副处级以上领导干部人员、后备干部人选、转任重要岗位人选、换届时将继续提名人选等，都须进行重点抽查核实。

2017年，中共中央办公厅、国务院办公厅又联合下发了修订后的《领导干部报告个人有关事项规定》和《领导干部个人有关事项报告查核结果处理办法》，将共同生活的子女、持有的股票等内容分别进行详细列举，纳入报告内容，进一步规范了申报材料细则。同时细化了核查问责方式、核查主管部门、核查机制等，进一步使核查标准规范化。我国公职人员财产申报制度正式进入全面实施阶段，社会层面认识度不断攀升，两项规定一直沿用至今。但财产申报制度仍暴露出一定问题，主要表现为核查不够全面，漏报、瞒报、不如实申报现象突出，社会监管力度不够，处罚不够严厉，等等。

从人大立法来说，公职人员财产申报至今未列入全国人大常委会立法规划。

1987年，时任全国人大常委会秘书长王汉斌同志就建议我国进行关于国家工作人员申报财产方面的立法。

1994 年 1 月，八届全国人大常委会制定的五年立法规划，建议由监察部负责起草公职人员财产收入申报法，待条件成熟时提交审议。[①] 五年之后，财产申报法并没有进入立法议程。

2008 年 10 月 30 日，十一届全国人大常委会通过的五年立法规划再次提出“研究论证建立国家公职人员财产申报制度”。五年之后，财产申报法同样没有列入立法议程。

自 2006 年至 2012 年每年的全国人民代表大会召开期间，都有人大代表提交关于公职人员财产申报方面的立法议案，有关部门认为“立法条件尚不成熟”“推行公职人员财产申报制度存在一定困难”,[②] 因此至今未将其列入全国人大常委会立法规划。

2. 禁止领导干部亲属经商方面

我国自 1985 年至今，中央层面对领导干部亲属经商的行为进行规范的党内法规已制定 8 部。这 8 部分别是：

1985 年 1 月中纪委发出《关于贯彻中共中央、国务院〈关于严禁党政机关和党政干部经商办企业的决定〉的通知》。

1985 年 5 月中共中央、国务院出台《关于禁止领导干部的子女、配偶经商的决定》。

2000 年 5 月，中纪委出台《关于“不准在领导干部管辖的业务范围内个人从事可能与公共利益发生冲突的经商办企业活动”的解释》。

2000 年 8 月，中纪委发布《关于中央国家机关各部门制定的司（局）级以上领导干部配偶、子女个人经商办企业的具体规定适用于地方厅（局）级以上领导干部的通知》。

2001 年 2 月，中纪委印发《关于省、地两级党委、政府主要领

① 董建萍. 官员财产申报：改革趋势与制度建构［J］. 中共浙江省委党校学报，2009（3）：5-12.

② 彭美，孙亚京. 公职人员财产申报 18 年前列入立法规划终无果［EB/OL］.（2017-09-01）. http：//news. sxxw. net/html/201212/26/342505. shtml.

导干部配偶、子女个人经商办企业的具体规定（试行）》的通知。

2003年12月，中共中央制定《中国共产党纪律处分条例》，并于2015年和2018年两次修订。

此外，最高人民检察院党组制定1部约束领导干部亲属经商行为的党内法规，国务院部委、直属机构与直属事业单位制定16部党内法规，省级地方政府党委制定1部党内法规，地级市地方党委出台1部党内规范性文件，地方政府工作机构党委制定出台4部党内规范性文件。例如，2000年11月最高人民检察院党委发布《中共最高人民检察院党组关于检察机关厅局级以上领导干部配偶、子女个人经商办企业的具体规定》，司法部印发《中共司法部党组关于司局级以上领导干部配偶、子女个人经商办企业的具体规定》，中共四川省环境保护局党组颁布《关于领导干部配偶、子女及其配偶个人经商办企业的规定》，中共宿迁市委市政府出台《关于严格规范本市领导干部配偶、子女及其配偶经商办企业行为的规定（试行）》，等等。地方出台的党内法规和党内规范性文件，是各级党政机关依照本机关的实际情况用来规范领导干部亲属经商行为的文件。

党的十八大以来，党中央在一系列重要制度文件中都对领导干部亲属和身边人的行为进行了具体规定。

2015年10月，中共中央印发了《中国共产党廉洁自律准则》，明确规定了党员的4条廉洁自律规范和领导干部廉洁从政、廉洁用权、廉洁修身、廉洁齐家4条规范。将廉洁齐家列为党员领导干部廉洁自律规范的一项重要内容。

2015年10月，中共中央印发了修订后的《中国共产党纪律处分条例》，对处分种类、纪律处分运用规则以及违反纪律的处分方式做出明确规定。2018年8月，中共中央又印发了再次修订后的《中国共产党纪律处分条例》。这次修订的条例补充了新内容，突出了政治性，把两个维护作为出发点和落脚点。《中国共产党纪律处分条例》第87条有相关规定：纵容、默许配偶、子女及其配偶等亲属、身边工作人员和其他特定关系人利用党员干部本人职权或者职务上的影响谋取私利，情节较轻的，给予警告或者严重警告处分；情节较重的，给予撤销党内职务或者留党察看处分；情节严重的，给予开除党籍处分。

2016 年 10 月，中共中央印发《关于新形势下党内政治生活的若干准则》。对党内政治生活提出明确要求，细化了廉政建设方面的纪律和规定，强调对权力进行监督。要求领导干部特别是高级干部必须注重家庭、家教、家风，教育管理好亲属和身边工作人员；禁止利用职权或影响力为家属亲友谋求特殊照顾，禁止领导干部家属亲友插手领导干部职权范围内的工作、插手人事安排。

2016 年 10 月，中共中央印发了修订后的《中国共产党党内监督条例》，对监督内容、监督对象和主体、监督方式和保障等做出明确规定。该条例规定，中央政治局委员要带头树立良好家风，加强对亲属和身边工作人员的教育和约束，严格要求配偶、子女及其配偶不得违规经商办企业，不得违规任职、兼职取酬。

2019 年 5 月，中共中央印发了《中国共产党党员教育管理工作条例》，对党员教育管理的内容、方式、程序等做出规范，是新时代党员教育管理工作的基本遵循。其第 11 条规定：强化党章党规党纪教育，引导党员牢记入党誓词，坚持合格党员标准，自觉遵守党的纪律，带头践行社会主义核心价值观，培养高尚道德情操，培育良好思想作风、学风、工作作风、生活作风和家风。加强宪法法律法规教育，引导党员尊法学法守法用法。

2021 年 1 月 21 日，十九届中央纪委五次全会将“督促落实规范领导干部配偶、子女及其配偶经商办企业行为规定”作为重点工作，全国各级纪检监察机关通过全方位监督检查，开展了具有针对性的专项整治，进一步查处领导干部亲属和身边人通过经商办企业牟利的问题，为规范领导干部亲属和身边人的行为发挥了重要作用。

2021 年 3 月，党中央印发的《中国共产党组织处理规定（试行）》明确指出，领导干部本人、配偶、子女及其配偶违规经商办企业，问题严重的，应当受到组织处理。

2021 年 12 月，中共中央印发《中国共产党纪律检查委员会工作条例》，对纪委领导体制、产生和运行、主要任务、工作职责、派驻派出机构、队伍建设等做出规定。其第 32 条有相关规定：党的各级纪律检查委员会应当把自觉遵守纪律的教育作为基础性工作，经常开展党章党规教育，强化党的政治纪律、组织纪律、廉洁纪律、群众纪律、工作纪律、生活纪律教育，深入开展警示教育，以案明纪、以案说法。开展廉政教育，加强全面从严治党、党风廉政建设和反腐败工作的形势任务以及家风家教等宣传教育，推进廉洁文化建设，营造崇廉拒腐氛围。

2022 年 6 月，中共中央办公厅印发了《领导干部配偶、子女及其配偶经商办企业管理规定》，对领导干部配偶、子女及其配偶经商办企业管理的适用对象和情形、工作措施、纪律要求等做出明确规定，对于规范和制约权力运行，从源头上防范廉政风险，促进领导干部家风建设，具有重要意义。该规定要求，领导干部每年报告个人有关事项时，应当如实填报配偶、子女及其配偶经商办企业情况，年度集中报告后新产生的经商办企业情况要及时报告。对领导干部不如实报告配偶、子女及其配偶经商办企业情况，配偶、子女及其配偶违反禁业规定经商办企业和以委托代持、隐名投资等形式虚假退出，以及领导干部利用职权为配偶、子女及其配偶经商办企业提供便利、谋取私利等行为，依规依纪依法进行严肃处理，对管理不力造成严重后果或不良影响的责任单位和责任人员进行严肃问责。

3. 反特权方面

在当代中国，反特权制度建设主要集中在党内，而反特权国家立法却显得严重不足。

（1）反特权立法初期（1949 年 10 月—1966 年 5 月）。

在新中国成立前夕召开的党的七届二中全会（1949 年 3 月）就

鲜明地提出了在领导干部中强调反对特权的问题，并做出了若干有针对性的具体规定。如“不做寿，不送礼，少敬酒，少拍掌，不以人名作地名，不把中国同志同马恩列斯平列”等。这为防止干部腐化，预防个人崇拜打造了隔离墙，也为之后的反特权立法指明了方向。

新中国成立后，社会主义制度的建立，从根本上否定了封建特权。但在革命胜利后，有些领导干部居功自傲，官僚主义、享乐主义思想蔓延，在物资十分短缺时，利用职务之便，多占国家分配物品，大搞特供商品“走后门”等；还有些领导干部，滥用手中职权，贪污浪费、中饱私囊，如天津地委原书记刘青山等。对此，毛泽东主席指出，对于贪污、浪费和官僚主义现象，如果不加以肃清，就有亡党、亡国、亡身的危险。之后，毛泽东、刘少奇等党和国家领导人清醒地认识到，如果不加以防范，党内会出现“贵族阶层”，必须反特权。1956 年 11 月，毛泽东在中共八届二中全会上强调：“我们一定要警惕，不要滋长官僚主义作风，不要形成一个脱离人民的贵族阶层。”

据此，中央人民政府和政务院制定了一些内容涉及反贪污、反官僚主义作风的法律法规。

如：针对贪污浪费现象，1952 年 3 月 11 日，政务院公布了《关于处理贪污、浪费及克服官僚主义错误的若干决定》；3 月 28 日，政务院第 130 次政务会议又批准施行《中央节约检查委员会关于追缴贪污分子赃款赃物的规定》。1952 年 4 月 21 日，中央人民政府公布施行《惩治贪污条例》，对贪污罪以及量刑标准做出了明确的界定。这是新中国第一次对贪污进行刑事立法。1952 年 8 月，政务院颁布了《国家机关工作人员奖惩暂行条例》，列出了国家机关工作人员的 27 条纪律。1957 年 10 月一届全国人大常委会通过了《国务院关于国家行政机关工作人员的奖惩暂行规定》。

为防止领导干部脱离群众、搞特权，1953 年 10 月，中央人民政府、政务院发布《关于党政军群负责人员视察、参观、休养、旅行时，地方负责人不许接送、宴会和送礼的规定》。

政务院还抓紧制定各项财经监察制度，如：1950 年 4 月，政务院财经委员会发布《关于禁止机关部队从事商业经营的批示》。1952 年政务院发布《统一管理机关生产的决定》。有效预防了贪污贿赂等腐败现象的发生。

1954 年 9 月，《宪法》颁布，规定一切国家机关人员必须“接受群众的监督”。为反特权提供了宪法的依据。

上述内容涉及反特权的法律法规，既有实体性规定，也有程序性规定，对于打击和防止国家机关工作人员的特权行为具有重要意义。可以说，反对贪污、浪费与官僚主义，是这一时期反特权立法的中心内容。但客观地说，这一时期的反特权立法只是初步的，而且范围窄，内容单一。

（2）反特权立法停滞时期（1966 年 6 月—1978 年 11 月）。

“文化大革命”是一场浩劫。这一时期，社会主义民主和法制遭到肆意践踏，反特权制度也遭到破坏，反特权立法处于停滞时期。

（3）反特权立法重新起步时期（1978 年 12 月—1989 年 5 月）。

改革开放后，伴随着计划经济向市场经济的转型，加之制度约束没有与时俱进，权力寻租现象、特权思想和特权现象十分严重。

这一时期，反特权先从党内反特殊化开始。1979 年 9 月，中共中央就发出《关于坚决保证刑法、刑事诉讼法切实实施的指示》（中发〔1979〕64 号文件），明确提出党的各级组织，领导干部和全体党员，都要带头遵守法律，决不允许有不受法律约束的公民，决不允许有凌驾于法律之上的特权。该指示是反特权及反特权立法的重要指针。1980 年 2 月，中共中央出台了《党内政治生活的若干准则》。1982 年，党的十二大第一次把“所有共产党员都不得谋求任何私利和特权”作为党员基本条件写进党章，标志着我党反对特权思想和特权现象进入新阶段。1988 年 5 月，中央纪委出台《党员领导干部犯严重官僚主义失职错误党纪处分的暂行规定》。这些反干部特殊化的党内法规，对于反特权立法有着巨大的实践意义。

1979 年 11 月，中共中央、国务院印发了《关于高级干部生活待遇的若干规定》。对中央机关、国家机关和各人民团体的高级干部生活待遇，提出十条规定。1982 年《宪法》第 5 条明确规定，“任何组织或者个人都不得有超越宪法和法律的特权”。随后，反特权国家立法成效明显。

全国人大及其常委会、国务院及其各部委制定了有关反特权方面的法规制度近 100 个，不少是涉及反干部特殊化或围绕着反干部特殊化展开的：

一是纠正不正之风方面，如 1984 年 12 月发布了《关于坚决纠正新形势下建设的重大进展阶段出现的不正之风的通知》等。

二是严禁党政机关和党政干部经商、办企业方面的一系列规定，如 1984 年 12 月，党中央、国务院发布了《关于严禁党政机关和党政干部经商、办企业的决定》。这是为了防止干部利用权力搞特殊化，利用权力谋私。

三是关于禁止领导干部配偶子女经商办企业等方面的规定，如 1985 年 5 月，中共中央、国务院印发了《关于禁止领导干部的子女、配偶经商的决定》，第一次对领导干部子女、配偶经商办企业提出禁止性要求。

四是关于反对经济领域中的违法行为方面的规定，对国家工作人员贪污受贿等犯罪行为方面的法律法规以及相关的司法解释。如：1979 年的《刑法》和《刑事诉讼法》。1982 年 3 月，全国人大常委会通过的《关于严惩严重破坏经济的犯罪的决定》。1988 年 1 月 21 日，全国人大常委会通过的《关于惩治贪污、受贿罪的补充规定》。1988 年 9 月颁布《关于国家行政机关工作人员贪污贿赂行政处分暂行规定》。

总体来说，这一阶段的反特权立法特点是反干部特殊化。不过，这一时期仍处于新时期重新起步阶段，可谓是一个从无到有、逐步确立的艰难历程。许多立法是通过通知、暂行办法、暂行规定或试行的方式出现的，反特权立法显得较为零散，还有许多立法空白。

（4）反特权立法稳步发展时期（1989 年 6 月—2002 年 10 月）。

从党的十三届四中全会至党的十六大，以江泽民同志为核心的第三代中央领导集体，从反既得利益集团入手，初步探索出一条适合我国现阶段基本国情的有效开展反特权的新路子，故此，这一时期是我国反特权立法取得重要进展的阶段。

一是制定了一系列反特权的法规制度，如：1995 年中共中央、国务院颁布了《关于对党和国家机关工作人员在国内交往中收受礼品实行登记制度的规定》，明确要求党和国家机关工作人员不得收受可能影响公正执行公务的礼品馈赠；同年，中共中央办公厅、国务院办公厅还颁发了《关于党政机关县（处）级以上领导干部收入申报的规定》，对公务人员的财产收入进行监管，预防腐败；1997 年 1 月中共中央办公厅、国务院办公厅印发了《关于领导干部报告个人重大事项的规定》；1998 年中共中央办公厅、国务院办公厅发布了《关于军队武警部队政法机关不再从事经商活动的通知》《关于中央党政机关与所办经济实体和管理的直属企业脱钩有关问题的通知》《关于在农村普遍实行村务公开和民主管理制度的通知》；2000 年中共中央办公厅、国务院办公厅发布了《关于在全国乡镇政权机关全面推行政务公开制度的通知》；等等。

二是制定了一系列有关国家工作人员贪污受贿等犯罪行为方面的法律法规以及相关的司法解释。如：从 1990 年的《行政监察条例》到 1997 年的《行政监察法》，1993 年的《国家公务员暂行条例》，1995 年全国人大常委会通过的《关于惩治违反公司法的犯罪的决定》，将公司或者其他企业的董事、监事、职工利用职务上的便利，索取或者收受贿赂，数额较大的行为规定为“商业受贿罪”。

三是多次修订、制定了《刑法》《刑事诉讼法》《公务员法》

《行政处罚法》《政府采购法》《审计法》《国家赔偿法》《招标投标法》等法律法规。这些法律法规多包含反特权的内容。

这一阶段，尽管有的反特权制度还不健全、不完善，但从总体上看，我国在各领域、各方面基本都建立了反特权法规制度，初步解决了“无制可依”的反特权制度性漏洞问题，基本形成了“有制可依”的良好局面。

（5）反特权立法重要发展时期（2002 年 11 月—2012 年 10 月）。

党的十六大至党的十六届四中全会这个阶段，我国反特权立法明显加强并取得重要突破，反特权体系初步形成。这一时期，以胡锦涛同志为总书记的党中央明确地把公平正义作为社会主义制度的本质要求，指出“维护和实现社会公平和正义，涉及最广大人民的根本利益，是我国社会主义制度的本质要求”，并且提出了要建立以“权利公平、机会公平、规则公平、分配公平”为主要内容的社会公正保障体系。

2010 年中纪委五次全会上，胡锦涛同志一再强调“干部在制度面前没有特权”“制度约束没有例外”等重要论述，表明了党和国家全力“消除特权”的坚强决心。这一时期，反特权立法渐渐进入了一个理性的发展时期，取得了长足的进步。

一是反腐败领导体制、工作机制方面的法规制度逐步形成体系。2003 年 8 月出台了《行政许可法》，它的颁布和实施，对于保护公民、法人或者其他组织的合法权益，从源头上预防和治理腐败，保障和监督行政机关有效实施行政管理，有重要意义。2004 年，国务院颁布了《行政监察法实施条例》；2010 年，中共中央、国务院修订的《关于实行党风廉政建设责任制的规定》和第十一届全国人民代表大会常务委员会第十五次会议修正的《行政监察法》，这两部重要法律法规，对遏止权力的滥用，反特权起到了重要作用。

二是不断推进规范国有企业领导干部从政行为的立法。2009 年 7 月，中共中央办公厅、国务院办公厅印发了《国有企业领导人员廉洁从业若干规定》，明确了国有企业领导人员的廉洁从业行为规范，在滥用职权、以权谋私、侵害公共利益、职务消费和作风建设等五大方面，向领导人员明确提出了“禁令”。它是在2004年由中央纪委、中央组织部、监察部、国务院国资委联合发布的我国第一部全面系统规范国有企业领导人员廉洁自律工作的专门性法规《国有企业领导人员廉洁从业若干规定（试行）》基础上修订的。这不仅有力促进了国有企业领导干部廉洁自律工作的深入开展，也极大地激发了公职人员廉洁从政的热情。

三是限制权力与对违法行为惩处法律法规体系不断充实。2005年4月，全国人大常委会通过了《公务员法》。2007年国务院公布了《行政机关公务员处分条例》，这是新中国成立以来第一部全面、系统规范行政处分工作的专门行政法规。

四是禁止越权享受的法规也不断被制定出来。如：2007年4月，中共中央办公厅、国务院办公厅印发《关于进一步严格控制党政机关办公楼等楼堂馆所建设问题的通知》。

此外，还出台了《反洗钱法》（2006年10月）和《政府信息公开条例》（2007年1月）。诸多法律法规的出台，均对特权的遏制起到积极作用。

（6）反特权立法重大突破时期（2012年11月至今）。

党的十八大以来，习近平总书记在总结、吸收和借鉴古今中外经验教训的基础上，发表了系列反特权重要论述，为有力推进反特权立法提供了源源不断的动力。反特权不仅写进了党的十八大报告，还在党的十八届三中、四中、六中全会通过的重大决议中得到了充分体现，同时还在一系列的党规党纪中有更明确、严格、细致和翔实的规定，为全面依法从严反对党员领导干部中滋生或存在的各种特权思想、特权现象和特权行为提供了法治保障。

党的十八大报告明确提出“各级领导干部特别是高级干部必须自觉遵守廉政准则，严格执行领导干部重大事项报告制度，既严于律己，又加强对亲属和身边工作人员的教育和约束，决不允许搞特权”。这是我党首次在党代会的报告中明确提出反对特权。

2012 年 12 月，中共中央政治局出台《关于改进工作作风、密切联系群众的八项规定》，随后又公布了一系列相关规定，很大程度上就是为了解决各种各样的特权问题。该文件的出台把反对特权思想和特权现象引向深入。

党的十八届四中全会通过的《中共中央关于全面推进依法治国若干重大问题的决定》也明确规定，要“完善和严格执行领导干部政治、工作、生活待遇方面各项制度规定，着力整治各种特权行为”。《关于新形势下党内政治生活的若干准则》规定：“坚持纪律面前一律平等，遵守纪律没有特权，执行纪律没有例外，党内决不允许存在不受纪律约束的特殊组织和特殊党员。”《中国共产党党内监督条例》第三条规定：“党内监督没有禁区、没有例外。”

2016 年 11 月，中共中央政治局召开会议，审议通过了规范党和国家领导人有关待遇等文件、《中国共产党工作机关条例（试行）》《关于县以上党和国家机关党员领导干部民主生活会的若干规定》。对党和国家领导人办公用房、住房、用车、交通、工作人员配备、休假休息等进一步做出规定，明确提出党和国家领导人退下来要及时腾退办公用房，不能超标准配备车辆、超规格乘坐交通工具，等等。

党的十八大以来，至 2017 年 10 月止，共修订颁布了 90 余部党内法规，使党内法规与国家法律协调衔接，相得益彰。这不仅为中国共产党反对和治理各种特权思想、特权现象和特权行为提供了重要的制度依据，而且为反特权国家立法提供了经验。这一时期，在习近平反特权思想指引下，反特权国家立法不断深入。

在规范公务方面，2013 年 11 月，中共中央、国务院印发的《党政机关厉行节约反对浪费条例》，对差旅费管理做了原则性规定，为落实中央八项规定精神提供了基础性制度保障；2013 年 12 月，中共中央办公厅、国务院办公厅印发《党政机关国内公务接待管理规定》，就规范党政机关国内公务接待管理，厉行勤俭节约，反对铺张浪费做出规定；2013 年，财政部印发《中央和国家机关培训费管理办法》，并于 2016 年修订；2013 年 12 月，财政部印发《中央和国家机关差旅费管理办法》；2014 年 7 月，中共中央办公厅、国务院办公厅印发《中央和国家机关公务用车制度改革方案》；2016 年 6 月，财政部、国家机关事务管理局、中共中央直属机关事务管理局印发了《中央和国家机关会议费管理办法》；等等。

在引导示范方面，2013 年 6 月，监察部、人力资源和社会保障部、财政部、审计署令第 31 号公布《违规发放津贴补贴行为处分规定》等。

在禁止越权享受方面，2013 年 7 月，中共中央办公厅、国务院办公厅印发《关于党政机关停止新建楼堂馆所和清理办公用房的通知》；2013 年 8 月，中央宣传部、财政部、文化部、审计署、国家新闻出版广电总局印发了《关于制止豪华铺张、提倡节俭办晚会的通知》；2013 年 11 月，中共中央、国务院印发《党政机关厉行节约反对浪费条例》等规章，为特权思想与特权现象设定“红线”。

在禁止亲属搞特权方面，2013 年，国务院公布了《国务院工作规则》，要求加强约束亲属，决不许搞特权。

在强化干部监管方面，2009 年 6 月，中共中央办公厅、国务院办公厅印发《关于实行党政领导干部问责的暂行规定》；2013 年 10 月，监察部令第 32 号公布《监察机关特邀监察员工作办法》等文件，进一步完善监督机制。着重加强对领导干部“一把手”的权力监督，完善党内民主与民主集中制，坚决杜绝出现“一言堂”，建立完善高效实用的行政决策机制。着重保障群众监督与舆论监督，利用中纪委监察举报网站与各大媒体平台，拓宽信访举报途径。

此外，一些法律法规的修订，都涉及反特权的条款和内容。2017 年 12 月，修改《招投标法》，有力地促进公平竞争，预防特权。2018 年 10 月，修改了刑诉法，以法治方式推进反特权斗争。这次修改有三个亮点：一是完善监察与刑事诉讼的衔接；二是丰富反腐败和国际追逃追赃的手段，建立刑事缺席审判制度；三是在总结刑事案件认罪认罚从宽制度和速裁程序试点工作经验的基础上，将在司法实践中行之有效的经验上升为法律，在全国范围内实行。2018 年 10 月，制定了《国际刑事司法协助法》，填补了反腐败刑事司法协助国际合作的国内法律空白，为监察机关依法履行职责、深入开展反腐败国际合作和反腐败追逃追赃工作提供了坚实的法律基础。2018 年 12 月，修改了《公务员法》，还先后制定 30 多个配套政策法规，逐步形成较为完整的公务员管理制度体系，公务员的进入退出机制、教育培训机制、考核评价机制、激励约束机制得到不断完善。2018 年 12 月，修改了《预算法》，发挥预算在反特权、反腐败工作中的利器作用，从根本上杜绝预算执行中的违规违纪问题，为预防财政领域特权、腐败现象提供有力的制度保障。

另外，还有制约权力的《行政诉讼法》《国家信息公开条例》《行政许可法》等一大批法律法规相继修订和出台。特别是 2018 年 3 月 20 日，出台《监察法》。赋予监察机关对职务违法与犯罪的调查权，对利用职务搞特权者是一个极大的震慑，也为反特权提供了法律依据与保障。

就反特权概括而言，党内法规制度较多，而国家立法较少。当然，党内反特权法规制度建设也为反特权国家立法提供了经验和基础，有助于推进反特权国家立法。因此，推进反特权立法是新时代深入开展反特权必须着力完成好的重大课题和紧迫任务。

4. 《宪法》和法律中与利益冲突有关的规定

我国《宪法》的相关规定为建立防止利益冲突的价值体系提供了指导，也为建立利益冲突的举报和监督机制提供了法律渊源和制度支持。

我国《刑法》和《刑事诉讼法》分别对公职人员的范围、职务犯罪的具体罪名以及机关对职务犯罪的管辖范围作了规定。这些都可以为制定防止利益冲突法律体系提供依据和借鉴。《刑法》中的“巨额财产来历不明罪”与利益冲突制度中的财产申报制度有一定的联系。但“巨额财产来历不明罪”是一个被动的惩罚制度，而财产申报制度是一个积极的预防制度。

《公务员法》对公务员的义务、公务员的任职回避、公务员的兼职行为和离职后的行为限制做出了规定。

5. 兼职与离职后的限制与禁止性规定

（1）兼职限制与禁止规定。

《关于严禁党政机关和党政干部经商、办企业的决定》（1984）、《关于进一步制止党政机关和党政干部经商、办企业的规定》（1986）、《关于清理党和国家机关干部在公司（企业）兼职有关问题的通知》（1989）、《关于党政机关与所办经济实体脱钩的规定》（1993）、《中国共产党党员领导干部廉洁从政若干准则》（2010）。

（2）关于离职后的行为限制规定。

《关于党政机关干部不得兼任经济实体职务的通知》（1985）、关于县以上党和国家机关退（离）休干部经商办企业问题的若干规定》（1988）。

总之，40多年来，我国先后制定了许多涉及防止利益冲突的政策和法规。无论是数量还是质量都实现了跨越式的发展，呈现出立法的繁荣的趋势。

二、我国防止利益冲突政策和制度存在的问题分析

但如果深入分析现行的反腐倡廉政策和法规，考察其执法的实践，从现存的许多问题来看，这种立法的繁荣似乎只是停留在浅表层面。因为我国现有的反腐倡廉制度在内容方面离现代公正、公开、高

效的反腐败法制仍有较大的差距。

（一）体系不完备、制度的法律位阶不高

第一，我国缺乏正式的独立的防止利益冲突法。与利益冲突相关的制度主要散见在党内各种规章、准则、条例、报告之中，不系统，也不具有普适性；而国家立法层面的法律法规相对较少，[①] 即便是《公务员法》等也没有防止利益冲突的专门规定。第二，这些制度的法律位阶不高，而且，这些制度约束的对象各不相同，原则和尺度也不统一；大部分内容具有时效性和局限性。第三，程序的设计不科学，如责任追究多停留在党纪政纪层面，没有相应的刑事惩罚性条款，缺乏强制性和威慑力；监督机制或缺失或操作性较差，难以起到防止利益冲突的作用。[②] 第四，各个规范性文件和规定之间缺少协调，不能相互衔接与配合，没有形成一个完整的制度体系。

（二）已有的制度规定不够明确和具体

我国虽然出台了一些与利益冲突相关的政策和制度，但其规范性、系统性、普适性、操作性和前瞻性等很多方面都与国际社会的通行做法及应然状态存在较大差距。[③] 如：在财产申报与公示制度方面、在礼品的限制与禁止的规定方面、在回避性规定方面、在兼职限制与禁止规定方面、在离职后从业限制规定方面，都急需完善。

---

① “我国反腐倡廉法规制度的主要载体是党内法规和政策性规定，在国家法律和行政法规中体现得相对比较少。”《健全反腐倡廉法规制度提高反腐倡廉法制化水平——学习〈惩防体系工作规划〉辅导材料之五》，载《中国纪检监察报》2008 年 12 月 30 日。

② 于逸生. 建立健全利益冲突防止制度［N］. 光明日报，2011-04-18.

③ 刘忠.《联合国反腐败公约》视域下私营部门利益冲突问题研究［D］. 大连：大连海事大学，2011.

（三）缺乏利益冲突制度的执行机制

首先，缺乏统一的利益冲突制度的实施机构。目前，利益冲突制度的实施主要是由各单位主管部门负责。单位组织、人事部门作为收入申报的受理机构，很难真正承担起财产申报的审查工作。又如，对于兼职的限制和禁止，以及离职后的从业限制，也没有规定专门的监督部门。对于违法行为的调查，除了构成了刑事犯罪的贪污和渎职行为，由检察院立案侦查外，一般的违反申报制度的行为等，并没有很好地处理。

其次，缺乏有效问责机制，处罚力度太轻。我国的处罚力度偏轻，基本是以批评教育为主要手段，纪律处分为辅助手段，而经合组织国家对于财产申报违规行为则规定了比较严厉的处罚措施，甚至刑罚制裁。同样我国的回避制度、从业限制制度的归责处罚等也存在这些问题，有的甚至没有规定处罚措施。当法律失去了威慑力，就没有了预防的意义。

（四）将利益冲突作为反腐败立法的一个基本概念的理念没树立起来

国际社会的一项共识是要将利益冲突作为反腐败的一个基本概念。① 而我国的反腐败法律体系没有从利益冲突这个腐败产生的源头来进行建构，导致司法实践中存在大量因利益冲突引发的腐败犯罪。可以说，一个理念明确、内涵完整的利益冲突制度在我国反腐败体系

① 反腐倡廉是我们的共同责任，亚太经合组织（APEC）反腐败研讨会综述［N］. 中国纪检监察报，2009-10-23（3）.

中处于缺失状态。[①] 这些反映在立法上是需要引起重视，并予以改进的。

总之，“现有法规制度体系难以打赢反腐败战争”[②]。因此，在反腐败斗争日益严峻和推进反腐败国家立法已成当务之急的形势下，要解决上述诸多问题，必须从源头治理入手，必须从加强防止利益冲突立法入手。

① 刘忠.《联合国反腐败公约》视域下私营部门利益冲突问题研究［D］. 大连：大连海事大学，2011.

② 李永忠. 对反腐败国家立法必要性的思考［N］. 北京日报，2013-03-25.

第四章　编撰我国防止公职人员利益冲突法的思考

一、推进防止公职人员利益冲突立法的必要性、可行性和重要性分析

目前，我国各个领域普遍存在利益冲突问题。利益冲突就其实质而言是公共权力的非公共性使用，是产生腐败的重要根源。要从源头上预防腐败，就必须防止利益冲突，必须通过合理的制度设计和安排，有效避免权力寻租和权力合谋，阻断公职人员以权谋私的渠道和路径。当今世界大多数国家都通过制定防止利益冲突法，以防止权力滥用，预防腐败。既然建立健全防止利益冲突制度已经成为跨民族、跨意识形态的反腐败举措，既然制定防止利益冲突法已为国际惯例，那么由全国人大制定一部专门的防止利益冲突法，不仅符合当前的需要，而且和我国《公务员法》《行政监察法》《刑法》《刑事诉讼法》等可以互为补充，从而形成一个立体式预防腐败的法律体系。

（一）立法的必要性

防止利益冲突作为一种具有相对独立性和重要价值的制度设计，是 20 世纪政治民主化浪潮的产物。

近年来，利益冲突在中国已成为腐败发生的重要根源。制定防止公职人员利益冲突法是极其必要的。

1. 履行国际法义务的需要

制定防止利益冲突法是履行《联合国反腐败公约》的一项重要内容。

众所周知，腐败已经成为长期困扰国际社会的一个问题。2003年《联合国反腐败公约》的出台，就是国际社会防治腐败的共同推动的结果。公约共71条，其中关于预防的条文有9条；公约第一章为总则，第二章为“预防措施”，预防腐败被放在公约的重要位置。公约对预防腐败的措施进行系统规定，并要求各缔约国能够制定预防腐败的法律，以与公约中的有关条款相协调。公约中有四次明确使用“利益冲突”这个概念。如，在第二章“预防措施”第7条“公共部门”之第4款、第8条“公职人员行为守则”之第5款都有“利益冲突”的明确的表述。

我国于2005年批准了该公约。从国际法原理而言，各缔约国有进一步完善国内立法与公约相衔接的义务。而自2005年以来，中国政府在履约方面出台了一系列的法律法规，集中在打击腐败犯罪方面，如《刑法修正案（七）》《刑法修正案（八）》《刑事诉讼法修正案》等，也成立了国家预防腐败局，但在落实公约最具特色的预防理念方面做得不够，很少出台预防性的法律法规。因而，我们必须把握《联合国反腐败公约》的预防理念，积极参与公约有关履约审议等国际规则的制定和应用。

此外，从国外的立法实践来看，制定防止利益冲突法，也有利于向国际社会展现我国治理腐败的信心和成效，从而增强我国在国际舞台上的话语权；有利于我国与国际接轨，更好地开展反腐败国际交流与合作；有利于更好地维护我国经济社会发展的国际环境。

2. 落实党和国家关于党风廉政建设和反腐败工作新部署的需要

我们党是全心全意为人民谋福利的执政党，决不允许私利与公共利益相冲突，决不允许党员干部利用职权谋取私利。为此，党的十六大制定了“标本兼治，综合治理，惩防并举，注重预防”的反腐败方针。

党的十七大报告指出要更加注重治本，更加注重预防，更加注重制度建设，拓展从源头上预防腐败的新领域。

2009 年 9 月，中国共产党十七届四中全会通过的《中共中央关于加强和改进新形势下党的建设若干重大问题的决定》第 8 部分“加快推进惩治和预防腐败体系建设，深入开展反腐败斗争”第 4 项内容“推进反腐倡廉制度创新”中明确提出“建立健全防止利益冲突制度”：按照加快形成统一开放竞争有序现代市场体系要求推进相关改革，建立健全防止利益冲突制度，完善公共资源配置、公共资产交易、公共产品生产领域市场运行机制。这是中国共产党历史上首次使用中央文件提出“利益冲突”这样全新的廉政概念。

2010 年 1 月，胡锦涛同志在十七届中央纪委五次全会上指出，要进一步建立健全防止利益冲突制度，形成预防腐败的长效机制。首次写进党中央文件的“建立健全防止利益冲突制度”必然会从党的意志转化为法律意志。

2011 年 1 月召开的十七届中央纪委六次全会，也对建立健全防止利益冲突制度进行了部署。

党的十八大报告在“全面提高党的建设科学化水平”部分明确提出，要“防止利益冲突”。

十八届三中全会要求“健全反腐倡廉法规制度体系……防止利益冲突”。

此外，党的十八大以后，反对腐败是我们党一贯坚持的鲜明政治立场。全面依法治国条件下，深入推进反腐败斗争必须以法治思维和法治方式进行。在十八届中央纪委二次全会上，习近平总书记就提出，要善于运用法治思维和法治方式反对腐败，加强反腐败国家立法，加强反腐倡廉党内法规制度建设，让法律制度刚性运行。[①] 党的

① 习近平在十八届中央纪委二次全会上发表重要讲话强调 更加科学有效地防治腐败 坚定不移把反腐倡廉建设引向深入［N］. 人民日报，2013-01-23.

十八届四中全会提出，加快推进反腐败国家立法，完善惩治和预防腐败体系，形成不敢腐、不能腐、不想腐的有效机制，坚决遏制和预防腐败现象。党的十九大报告明确，推进反腐败国家立法，建设覆盖纪检监察系统的检举举报平台。强化不敢腐的震慑，扎牢不能腐的笼子，增强不想腐的自觉，通过不懈努力换来海晏河清、朗朗乾坤。①党的二十大报告又一次确定："深化标本兼治，推进反腐败国家立法，加强新时代廉洁文化建设，教育引导广大党员、干部增强不想腐的自觉，清清白白做人、干干净净做事，使严厉惩治、规范权力、教育引导紧密结合、协调联动，不断取得更多制度性成果和更大治理效能。"②

推进反腐败国家立法，当然也包含推进防止公职人员利益冲突立法，这是题中应有之意。

由此可见，防止利益冲突已成为反腐倡廉建设的重要内容，制定防止利益冲突法也成为反腐倡廉建设的一项重要任务。它对促进公职人员廉洁从政，对加强公职人员的教育、管理、监督，完善惩治和预防腐败体系有着极其重要的意义。

3. 促进社会主义市场经济健康发展的客观需要

目前我国各方面体制和机制还不完善，存在不少缺陷和漏洞，在经济社会等领域产生了大量的利益冲突问题。这些利益冲突问题的存在，使微观经济活动受到不正当的干预，对市场经济健康发展造成不良影响。因此，我国要维护社会主义经济秩序，促进经济社会发展，必须尽快制定防止利益冲突法。

4. 维护社会公平正义的客观要求

一个国家、一个社会，如果放任公职人员的个人利益与公共利益

① 习近平. 决胜全面建成小康社会 夺取新时代中国特色社会主义伟大胜利：在中国共产党第十九次全国代表大会上的报告［N］. 人民日报，2017-10-18.

② 习近平. 高举中国特色社会主义伟大旗帜 为全面建设社会主义现代化国家而团结奋斗：在中国共产党第二十次全国代表大会上的报告［N］. 人民日报，2022-10-26（1）.

发生冲突，必然会导致公共利益分配向少数群体倾斜，损害公平，从而给社会带来隐患。当前，各种利益问题的存在，严重违背我国所倡导的机会均等、公平竞争等原则。

5. 日益紧迫的社会形势，亟待立法做出回应

现实要求通过法律强化预防腐败。如，部分地方把国家利益政府化，政府利益部门化，部门利益集体化，集体利益私人化，严重损害了党的形象，影响了政府的公信力，破坏公共政策公正性，激发了社会矛盾，增加了不稳定因素。这样一种公权滥用、与民争利的现象产生于公权缺乏有效的约束和社会监督，产生于公共权力的异化。因此，需要通过防止利益冲突立法，真正做到从源头上预防腐败，让公职人员做到"不敢贪，不愿贪，不能贪"，真正做人民群众的好公仆和贴心人。

6. 现有涉及防止利益冲突的法律法规需改进和完善

我国的反腐败立法还很不完善。首先，这些制度散见在各种准则、条例、报告之中，很不系统；其次，这些制度约束的对象各不相同，原则尺度很难统一；再次，大部分规定具有时效性和局限性，一段时间过后就会出现过时的现象；最后，部分规定设计不科学，没有相应的惩罚性条款，操作性较差，难以起到防止利益冲突的作用。因此制定专门的防止利益冲突法，并形成一个完备的法律体系是一条根本的措施。

（二）立法的可行性

我国制定防止利益冲突法的可行性条件已经具备，时机已经成熟。表现在如下几方面。

1. 具备了必要的政策和理论依据

党的十四大以来，党中央制定了一系列惩治和预防腐败的方针政策。

党中央的这些方针政策，不仅是预防职务犯罪立法的指导思想，也是预防职务犯罪立法的政策依据。为制定预防腐败的法律，尤其是制定防止利益冲突法提供了理论上和政策上的支持。

此外，专家、学者的研究也提供了充分的学理依据。

2. 具备了必要的法律依据和相关参考依据

（1）我国《宪法》提供了深厚的法律依据。

（2）我国《刑法》和《刑事诉讼法》分别对公职人员的范围、职务犯罪的具体罪名以及检察机关对职务犯罪的管辖范围做了规定。此外，还可借鉴《预防未成年人犯罪法》，以及全国人大常委会制定的《关于加强社会治安综合治理的决议》，等等。这可以为制定专门的防止利益冲突法律体系提供依据和借鉴。

（3）我国已有防止利益冲突制度的规定。中央和国家机关涉及防止利益冲突的法规和规范性文件大致有 229 个。[①] 概括而言，我国防止利益冲突制度体系大体上已初步成型。

3. 具备了立法的实践基础

在党中央的文件首次提出建立“防止利益冲突制度”以前，我国在防止利益冲突方面已有近 30 年实践，能够根据形势的发展变化而及时调整有关利益冲突问题的规定，以适应时代的发展，并初步形成一个涵盖公共机构、公职人员及其亲友三方面行为的规则体系。“据有关专家统计，1979 至 2011 年这 32 年间，共有 58 次中央纪委全会、110 余项法律法规及政策涉及防止利益冲突内容。”[②] 如，2005 年颁布的《公务员法》，明确规定了公务员交流、回避等防止利益冲突制度。2009 年通过的《刑法修正案（七）》，明确了公职人员的近亲属、离职的公职人员受贿的刑罚问题。

① 数据来源于《中央和国家机关各单位关于防止利益冲突的法规和规范性文件目录》。

② 中央纪委监察部廉政理论研究中心. 关于防止利益冲突工作的调研［N］. 中国纪检监察报，2012-04-25.

这些丰富的立法实践基础，有助于推进立法。

4. 国外防止利益冲突立法的积极方面可资借鉴

如前所述，形成于20世纪中叶的防止利益冲突制度是作为国家防治腐败的一种基本法律制度。目前，世界有一百余个国家和地区实行该制度。世界各国的防止利益冲突立法与实践是不尽相同的。

瑞典、英国、加拿大关于防止利益冲突立法的实践，在国际社会产生了示范和榜样作用。大约从20世纪80年代开始，通过立法防止公职人员利益冲突逐渐成为世界许多国家的共识和普遍做法。其中，加拿大、美国、英国、法国、德国、墨西哥、巴西、南非、埃及、新加坡、日本、韩国、印度等较有代表性。

概括而言，各国在防止利益冲突的立法和制度设计方面的成功做法有如下几个方面。

（1）严格禁止公职人员参加与私利有关的任何事项。

美国的《基本利益冲突法》、加拿大的《利益冲突章程》都是好的经验。①

（2）对利益冲突的风险领域做了明确的划定。

加拿大《利益冲突章程》的风险提醒颇具特色，② 能够提醒公职人员避免可能发生的利益冲突。

（3）设定了财产申报、资产处理、离职后行为限制。

美国在财产申报和资产处理等方面有一套基本做法；加拿大在离职后行为限制方面提出了具体规范；加拿大专门创建了利益与伦理冲突办公室，配备了利益冲突专员，③ 美国设立了政府道德办公室。

① 舒绍福. 加拿大防止利益冲突的做法与启示［J］. 行政管理改革，2011（7）：84-87.

② 唐何. 食品药品监督管理系统防止利益冲突法律制度研究［D］. 长沙：湖南大学，2013.

③ 舒绍福. 加拿大防止利益冲突的做法与启示［J］. 行政管理改革，2011（7）：84-87.

（4）建立了严厉的追究制度。

美国《基本利益冲突法》、英国《公共机构腐败行为法》[①]、韩国《腐败公职人员处罚强化对策》都明确了严厉的追究制度。

（5）制定了完备的配套实施细则。

加拿大等国都形成了防控利益冲突的法律体系。这些法律法规不仅规定非常细密，还常在条文之后附有范例。

它山之石，可以攻玉。国外丰富的防止利益冲突立法的经验和教训可资我们借鉴。

（三）立法的重要性

1. 有助于增强人民群众对党和政府的信任

推进防止公职人员利益冲突立法，可以起到凝聚人心，提高政府公信力的作用。腐败背后折射的其实是国家治理体系中的诸多问题，如不公。而强大、有效的防止利益冲突制度是国家治理体系和治理能力现代化的重要标志。因而，推进防止利益冲突立法，可以最大限度地维护社会的公平、正义，可以有效地维护我国的改革大业与长治久安，从而有助于提振人民群众对党和政府的信任。

2. 有助于规范对公职人员的监督

防止利益冲突，就是为了打造公权私用的隔离墙，通过财产申报与公示，以及利益声明、利益回避等禁止性规定，将所有行使公权力的公职人员置于监督之下，促进公职人员依法履职、秉公用权、廉洁从政从业。所以，制定防止利益冲突法，有助于从法治的层面加强对公职人员的全面监督。

3. 有助于党的反腐败方针政策转化为国家意志，上升为法律

防止利益冲突法是将党的“逐步加大治本的力度，努力从源头

① 李国花，李志勤. 部分国家反腐败法比较［J］. 天津市政法管理干部学院学报，2006（4）：39-42.

上预防和治理腐败”的意志法律化。防止利益冲突工作上升为法制化运行，是依法治国方略的内在要求，是进一步加强反腐败工作、提高预防工作效率和质量的必然要求，也是规范反腐败工作的必然要求。因此，从这个意义而言，制定防止利益冲突法不仅是必要的、适时的和可行的，也是具备条件的。

4. 有助于增强公职人员的示范作用

具体而言，制定防止利益冲突法有助于规范公职人员廉洁从政从业行为，让公职人员廉洁从政、廉洁用权、廉洁修身、廉洁齐家成为一种习惯；有助于规范领导干部配偶、子女及其配偶经商办企业行为，斩断利益输送的链条；有助于构建亲不逾矩、清不远疏、公正无私、有为有畏的新型政商关系，完善政商交往正面清单、负面清单、倡导清单制度。

二、习近平法治思想是推进防止公职人员利益冲突立法的根本遵循

党的十八大以来，习近平同志站在党和国家工作全局的高度，全面推进党的建设，坚持全面从严治党，发表了一系列重要论述，深刻阐释了党风廉政建设和反腐败斗争的重大理论问题和实践问题，形成了习近平反腐败思想，为新形势下深入推进党风廉政建设和反腐败斗争提供了思想武器和行动指南。

习近平反腐败思想凝聚着中国共产党人在反腐败法治建设长期探索中形成的经验积累和智慧结晶，标志着我们党对反腐败法治建设规律的认识达到了新高度，开辟了 21 世纪马克思主义反腐败法治理论和实践的新境界。习近平反腐败思想，是习近平法治思想的重要组成部分。从理论体系看，习近平反腐败思想是习近平法治思想中的

"反腐篇"。①

习近平法治思想是我国推进反腐败国家立法的根本遵循，也是我国推进防止公职人员利益冲突立法的根本遵循。

（一）习近平法治思想中的反腐败思想关涉防止公职人员利益冲突立法的内容与要义

习近平反腐败思想的核心内容，如"善于用法治思维和法治方式反对腐败""把权力关进制度的笼子里""提高一体推进不敢腐、不能腐、不想腐能力和水平"等，都体现了法治的精神和理念，其与习近平关于建设社会主义法治国家的理论等各领域法治思想一起，共同构成习近平法治思想这一系统完备、逻辑严密、内在统一的科学理论体系。

习近平反腐败思想关涉防止公职人员利益冲突立法的内容概括而言主要有八大方面。

1. "善于用法治思维和法治方式反对腐败"

用法治思维和法治方式反对腐败，是反腐败斗争取得成效的根本保障。

2013 年 1 月，习近平在十八届中央纪委二次全会上指出："要善于用法治思维和法治方式反对腐败，加强反腐败国家立法，加强反腐倡廉党内法规制度建设，让法律制度刚性运行。"

2015 年 6 月 26 日，习近平在主持中共中央政治局就加强反腐倡廉法规制度建设进行第二十四次集体学习时强调："法规制度带有根本性、全局性、稳定性、长期性。要贯彻全面深化改革、全面依法治国的要求，加大反腐倡廉法规制度建设力度，把中央要求、群众期

① 彭新林. 习近平法治思想中反腐法治理论的核心要义和时代意义［N］. 人民法院报，2020-12-03.

盼、实际需要、新鲜经验结合起来，本着于法周延、于事有效的原则制定新的法规制度、完善已有的法规制度、废止不适应的法规制度，努力形成系统完备的反腐倡廉法规制度体系。”“反腐倡廉法规制度建设系统性强，要坚持问题导向、突出重点，充分体现科学性、针对性、可操作性。要坚持宏观思考、总体规划，既要注意体现党章的基本原则和精神，符合国家法律法规，也要同其他方面法规制度相衔接，提升法规制度整体效应。要系统完备、衔接配套，立治有体、施治有序，把反腐倡廉法规制度的笼子扎细扎密扎牢，做到前后衔接、左右联动、上下配套、系统集成。要务实管用、简便易行，法规制度在务实管用。要责任明确、奖惩严明，明确责任主体，确保可执行、可监督、可检查、可问责。”① 这为推进新时期反对腐败、建设廉洁政治指明了方向，也为防止公职人员利益冲突立法指明了方向。

这些论述，指明了我国反腐败斗争的根本路径就是法治反腐。

2.“公权为民，一丝一毫都不能私用”

权力的根本属性是公共性，权力只能为公共利益服务，决不能为私欲所滥用。

公私分明是基本操守。习近平总书记多次就“公私”关系做出重要论述。

习近平对领导干部依法用权的基本要求是“公权为民，一丝一毫都不能私用”②，公权不能私用是领导干部用权的法律底线，也是习近平总书记处理国家治理中公私问题的基本规范。

2014 年 1 月 14 日，习近平在十八届中央纪委三次全会上指出：“公款姓公，一分一厘都不能乱花；公权为民，一丝一毫都不能私用。”“作为党的干部，就是要讲大公无私、公私分明、先公后私、

① 习近平. 加强反腐倡廉法规制度建设 让法规制度的力量充分释放［N］. 人民日报，2015-06-28（1）.

② 中共中央纪律检查委员会，中共中央文献研究室. 习近平关于党风廉政建设和反腐败斗争论述摘编［M］. 北京：中央文献出版社，2015：80.

公而忘私，只有一心为公、事事出于公心，才能坦荡做人、谨慎用权，才能光明正大、堂堂正正。”①

2014 年 5 月 9 日，习近平在参加河南省兰考县委常委班子专题民主生活会时指出，要完善党内权力运行和监督机制，实行权责对应，坚决反对特权，防止滥用职权。执政党对资源的支配权力很大，应该有一个权力清单，什么权能用，什么权不能用，什么是公权，什么是私权，要分开，不能公权私用。②

2015 年 1 月 12 日，习近平同中央党校县委书记研修班学员座谈时强调做焦裕禄式的县委书记：“我们的权力是党和人民赋予的，是为党和人民做事用的，姓公不姓私，只能用来为党分忧、为国干事、为民谋利。要正确行使权力，依法用权、秉公用权、廉洁用权，做到法定职权必须为，法无授权不可为，保持如临深渊、如履薄冰的谨慎，做到心有所畏、言有所戒、行有所止，处理好公和私、情和法、利和法的关系。”“当官发财两条道，当官就不要发财，发财就不要当官。要始终严格要求自己，把好权力关、金钱关、美色关，做到清清白白做人、干干净净做事、坦坦荡荡为官。要加强对亲属和身边工作人员的教育和约束，要求他们守德、守纪、守法。”③

2018 年 2 月，习近平在中共十九届三中全会上又一次强调指出：“公权力姓公，也必须为公。只要公权力存在，就必须有制约和监督。不关进笼子，公权力就会被滥用。”“要教育监督各级国家机关和公职人员牢记手中的权力是党和人民赋予的，是上下左右有界受控的，切不可随心所欲、为所欲为，做到秉公用权、依法用权、廉洁用权、为民用权。”④

2021 年 11 月，习近平在中共十九届六中全会再次强调要“确保

① 习近平论“公”与“私”［J］. 民心，2018（10）：4-5.

② 习近平论“公”与“私”［J］. 民心，2018（10）：4-5.

③ 习近平. 做焦裕禄式的县委书记［N］. 学习时报，2015-09-07.

④ 习近平. 在新的起点上深化国家监察体制改革［J］. 求是，2019（5）：4-9.

党和人民赋予的权力始终用来为人民谋幸福”①。告诫我们：党和人民赋予党员干部的权力、职位姓公不姓私，为公不为私，要权为民所用、情为民所系、利为民所谋。而当官发财则为财不为事、为钱不为民、为私不为公，若把发财作为从政之道、为官之本，迟早必遭党纪国法严惩。

2022 年 3 月 1 日，习近平总书记在中央党校（国家行政学院）中青年干部培训班开班式上发表重要讲话强调：“要守住权力关，始终保持对权力的敬畏感，坚持公正用权、依法用权、为民用权、廉洁用权。”

上述重要论述为党员干部正确对待公与私、权与利的关系，正确处理政商关系、权钱关系指明了方向、划定了红线、提供了遵循。

3.“切断利益输送链条”

2015 年 1 月，习近平在十八届中央纪委五次全会上指出，必须管好亲属和身边工作人员，决不允许他们擅权干政、谋取私利，不得纵容他们影响政策制定和人事安排、干预日常工作运行，不得默许他们利用特殊身份谋取非法利益。

2018 年 1 月，习近平在十九届中央纪委二次全会上进一步强调：“要通过改革和制度创新切断利益输送链条。”而加强防止公职人员利益冲突立法就是“通过改革和制度创新切断利益输送链条”的重要途径。

2022 年 1 月 18 日，习近平在十九届中央纪委六次全会上强调，领导干部特别是高级干部一定要重视家教家风，以身作则管好配偶、子女，本分做人、干净做事。

4. “新型政商关系应该是什么样的？概括起来说，我看就是‘亲’‘清’两个字”

十八大以来，我党高度重视培育官商关系新生态，习近平对此问

① 习近平. 关于《中共中央关于党的百年奋斗重大成就和历史经验的决议》的说明[N]. 人民日报，2021-11-17.

题做出进一步论述。2013 年全国两会期间，习近平指出，面对纷繁的物质利益，要做到君子之交淡如水，“官”“商”交往要有道，相敬如宾，而不要勾肩搭背，不分彼此，要划出公私分明的界限。[①] 告诫领导干部要坚定理想信念，正确处理官商关系。这一重要论述指明了官商关系的界限。

2016 年 3 月 4 日，习近平在看望出席全国政协十二届四次会议的民建、工商联委员并参加联组讨论时，首次用“亲”“清”二字定位新型政商关系，指出：“我常在想，新型政商关系应该是什么样的？概括起来说，我看就是‘亲’‘清’两个字。对领导干部而言，所谓‘亲’，就是要坦荡真诚同民营企业接触交往，特别是在民营企业遇到困难和问题情况下更要积极作为、靠前服务，对非公有制经济人士多关注、多谈心、多引导，帮助解决实际困难，真心实意支持民营经济发展。所谓‘清’，就是同民营企业家的关系要清白、纯洁，不能有贪心私心，不能以权谋私，不能搞权钱交易。对民营企业家而言，所谓‘亲’，就是积极主动同各级党委和政府及部门多沟通多交流，讲真话，说实情，建诤言，满腔热情支持地方发展。所谓‘清’，就是要洁身自好、走正道，做到遵纪守法办企业、光明正大搞经营。”[②] 这一重要论述指明了新型政商关系的科学内涵，给党员干部和企业家之间怎样打交道指明方向，划出底线。领导干部既要把主动服务民营经济发展作为分内之事、应尽之责，也要在官商交往中做到相敬如宾、彼此清白。

5.“坚决反对特权思想、特权现象”

习近平在十八届中央纪委二次全会上指出：“我们共产党人决不能搞封建社会那种‘封妻荫子’‘一人得道，鸡犬升天’的腐败之

① 习近平. 新型政商关系“亲”“清”在心 各有所遵［N］. 人民日报（海外版），2016-08-05；叶小文.“官”“商”交往要有道［N］. 人民日报，2013-03-14（4）.

② 习近平. 毫不动摇坚持我国基本经济制度 推动各种所有制经济健康发展［N］. 人民日报，2016-03-09.

道!”“反腐倡廉建设,必须反对特权思想、特权现象。”这些重要论述,深刻阐明了我们党坚决反对特权思想、特权现象的鲜明态度。特权是滋生腐败的思想根源和重要条件,深入开展反腐败斗争,必须打掉腐败背后的特权思想。为此,要加强廉政文化建设,深入开展反腐倡廉宣传教育,强化公职人员不得谋求任何私利和特权的意识,使之树立正确的权力观、地位观和利益观。要让权力在阳光下运行,让搞特殊、耍特权的行为无处藏身。要健全相关制度机制,加强对权力的制约和监督,加大对特权行为的惩治力度。①

6.“深化国家监察体制改革”

2016 年 1 月 12 日,习近平在十八届中央纪委六次全会上强调指出:“要坚持党对党风廉政建设和反腐败工作的统一领导,扩大监察范围,整合监察力量,健全国家监察组织架构,形成全面覆盖国家机关及其公务员的国家监察体系。”这一重要论述,阐明了国家监察体制改革的重要意义和主要内容。推进国家监察体制改革,有利于实现反腐败工作的法治化,真正将制度优势转化为治理效能,更好地从源头上预防和治理腐败问题。

2018 年 12 月,习近平在主持中共中央政治局第十一次集体学习时强调:“在新的起点上持续深化党的纪律检查体制和国家监察体制改革,促进执纪执法贯通,有效衔接司法,推进反腐败工作法治化、规范化,为新时代完善和发展中国特色社会主义制度、推进全面从严治党提供重要制度保障。”② 这为进一步深化国家监察体制改革,提供了科学指引。

7.“提高一体推进不敢腐、不能腐、不想腐能力和水平”

2019 年 1 月,在十九届中央纪委三次全会上,习近平强调:“不

---

① 彭新林. 习近平法治思想中反腐法治理论的核心要义和时代意义 [N]. 人民法院报,2020-12-03.

② 习近平. 持续深化国家监察体制改革 推进反腐败工作法治化规范化 [N]. 人民日报,2018-12-15 (1).

敢腐、不能腐、不想腐是一个有机整体，不是三个阶段的划分，也不是三个环节的割裂。要深化标本兼治，用好治标利器，夯实治本基础，一体推进不敢腐、不能腐、不想腐。”①

2020 年 1 月，习近平在十九届中央纪委四次全会上指出：“深刻把握党风廉政建设规律，一体推进不敢腐、不能腐、不想腐。一体推进不敢腐、不能腐、不想腐，不仅是反腐败斗争的基本方针，也是新时代全面从严治党的重要方略。”②

2022 年 6 月 17 日，习近平在主持中共中央政治局第四十次集体学习时再次强调，“要加深对新形势下党风廉政建设和反腐败斗争的认识，提高一体推进不敢腐、不能腐、不想腐能力和水平，全面打赢反腐败斗争攻坚战、持久战”，“一体推进不敢腐、不能腐、不想腐，必须三者同时发力、同向发力、综合发力，把不敢腐的强大震慑效能、不能腐的刚性制度约束、不想腐的思想教育优势融于一体，用‘全周期管理’方式，推动各项措施在政策取向上相互配合、在实施过程中相互促进、在工作成效上相得益彰”。

2023 年 1 月 10 日，习近平在二十届中央纪委二次全会上又一次强调，“反腐败斗争形势依然严峻复杂，遏制增量、清除存量的任务依然艰巨。必须深化标本兼治、系统治理，一体推进不敢腐、不能腐、不想腐”，“要把不敢腐、不能腐、不想腐有效贯通起来，三者同时发力、同向发力、综合发力，把不敢腐的震慑力、不能腐的约束力、不想腐的感召力结合起来”。

习近平的重要讲话，科学总结了十年反腐败斗争的显著成效和重要经验，阐明了“三不腐”同时发力、同向发力、综合发力的新理念与着力点，揭示了新时代反腐倡廉斗争赢得历史主动的意义，是习近平新时代中国特色社会主义思想在管党治党领域的原创性贡献，

---

① 习近平在十九届中央纪委三次全会上发表重要讲话强调 取得全面从严治党更大战略性成果 巩固发展反腐败斗争压倒性胜利［N］. 人民日报，2019-01-12（1）.

② 习近平在十九届中央纪委四次全会上的讲话［N］. 人民日报，2020-01-14（1）.

标志着一体推进“三不腐”体制机制更加成熟定型，中国特色反腐败理论得到进一步丰富发展。

8.“把权力关进制度的笼子里”

2013 年 1 月 22 日，习近平在十八届中央纪委二次全会上强调：“要加强对权力运行的制约和监督，把权力关进制度的笼子里，形成不敢腐的惩戒机制、不能腐的防范机制、不易腐的保障机制。”

习近平在十八届中央纪委三次全会上强调：“把权力关进制度的笼子里，首先要建好笼子。笼子太松了，或者笼子很好但门没关住，进出自由，那是起不了什么作用的。”① 这为当前的反腐倡廉指明了方向。

制约权力是法治的重要内容与重要使命，也是法治建设的有效途径。关于权力的观点是习近平反腐败思想的重要组成部分。

习近平揭示了权力运行规律，指出：“纵观人类政治文明史，权力是一把双刃剑，在法治轨道上行使可以造福人民，在法律之外行使则必然祸害国家和人民”②，“权力不论大小，只要不受制约和监督，都可能被滥用”③，“没有监督的权力必然导致腐败，这是一条铁律”④。基于这些科学认识，他强调，必须“把权力关进制度的笼子

① 习近平. 习近平谈治国理政：第 1 卷［M］. 北京：外文出版社，2018：391.

② 习近平. 在省部级主要领导干部学习贯彻党的十八届四中全会精神全面推进依法治国专题研讨班上的讲话（2015 年 2 月 2 日）［M］//中共中央文献研究室. 习近平关于全面依法治国论述摘编. 北京：中央文献出版社，2015：37-38.

③ 习近平. 在第十八届中央纪律检查委员会第三次全体会议上的讲话（2014 年 1 月 14 日）［M］//中共中央文献研究室. 习近平关于全面依法治国论述摘编. 北京：中央文献出版社，2015：59.

④ 习近平. 在全国组织工作会议上的讲话（2013 年 6 月 28 日）［M］//中共中央文献研究室. 十八大以来重要文献选编（上）. 北京：中央文献出版社，2014：342.

里”[①]，“依法设定权力、规范权力、制约权力、监督权力”[②]，防止权力任性、严禁公权私用。

“构建党统一指挥、全面覆盖、权威高效的监督体系，把党内监督同国家机关监督、民主监督、司法监督、群众监督、舆论监督贯通起来，增强监督合力。”[③]

这些重要论述，凸显了加强对权力运行制约和监督、依靠法治防治腐败的极端重要性。

总之，习近平法治思想中的反腐败思想科学回答了新时期为何以及如何加强反腐败国家立法的基本问题；深刻总结了党的十八大以来我国推进反腐败斗争的成功经验；深化了我们对法治建设规律和反腐败斗争规律的认识，推动了中国特色法治反腐理论体系在当下的原创性发展。它是新时代反腐败法治建设，尤其是防止公职人员利益冲突立法的根本遵循。我们必须认真学习，深刻把握其中要义。

（二）习近平法治思想中关涉防止公职人员利益冲突立法的内容与要义

党的十八大以来，习近平总书记对新时代科学立法的目标方向、任务要求、重要原则、体制机制等进行了全面阐述，深入回答了科学立法中的重大问题，为新时代立法工作提供了行动指南和根本遵循。

概括而言，有如下七大方面。

---

① 习近平．在省部级主要领导干部学习贯彻党的十八届四中全会精神全面推进依法治国专题研讨班上的讲话（2015 年 2 月 2 日）［M］//中共中央文献研究室．习近平关于全面依法治国论述摘编．北京：中央文献出版社，2015：127-128.

② 习近平．在省部级主要领导干部学习贯彻党的十八届四中全会精神全面推进依法治国专题研讨班上的讲话（2015 年 2 月 2 日）［M］//中共中央文献研究室．习近平关于全面依法治国论述摘编．北京：中央文献出版社，2015：128.

③ 习近平．决胜全面建成小康社会夺取新时代中国特色社会主义伟大胜利：在中国共产党第十九次全国代表大会上的报告（2017 年 10 月 18 日）［M］．北京：人民出版社，2017：68.

1.“坚持党的领导是立法工作的根本保障”

2012年12月4日，习近平在首都各界纪念现行宪法公布施行30周年大会上的重要讲话指出：“党领导人民制定宪法和法律，党领导人民执行宪法和法律，党自身必须在宪法和法律范围内活动，真正做到党领导立法、保证执法、带头守法。”

2014年10月20日，习近平在《关于〈中共中央关于全面推进依法治国若干重大问题的决定〉的说明》中强调：“党和法治的关系是法治建设的核心问题。全面推进依法治国这件大事能不能办好，最关键的是方向是不是正确、政治保证是不是坚强有力，具体讲就是要坚持党的领导，坚持中国特色社会主义制度，贯彻中国特色社会主义法治理论。”①

2015年2月2日，习近平在省部级主要领导干部学习贯彻十八届四中全会精神全面推进依法治国专题研讨班开班式上指出：“法是党的主张和人民意愿的统一体现，党领导人民制定宪法法律，党领导人民实施宪法法律，党自身必须在宪法法律范围内活动，这就是党的领导力量的体现。党和法、党的领导和依法治国是高度统一的。”②

习近平曾多次提到，党的领导是社会主义法治工作的根本保障，要把党的领导贯彻到依法治国全过程和各方面。③

在立法工作中坚持党的领导主要体现在以下几个方面：首先，完善党对立法工作中重大问题的决策程序。其次，“在研究改革方案和改革措施时，要同步考虑改革涉及的立法问题，及时提出立法需求和立法建议。实践证明行之有效的，要及时上升为法律。实践条件还不

---

① 习近平．关于《中共中央关于全面推进依法治国若干重大问题的决定》的说明［N］．人民日报，2014-10-29（2）．

② 习近平．领导干部要做尊法学法守法用法的模范 带动全党全国共同全面推进依法治国［N］．人民日报，2015-02-03（1）．

③ 习近平．中国共产党领导是中国特色社会主义最本质的特征［J］．求是，2020（14）：4-17．

成熟、需要先行先试的，要按照法律程序做出授权”①。最后，应当做好党内法规与国家法律的衔接工作，实现二者的内在和谐。

2.“保障人民的利益是立法工作的根本目的”

保障人民的利益是立法工作的出发点和落脚点。具体而言，坚持以人民为中心的立法有以下几点内涵：首先，应发挥好人大在立法工作中的作用。在法律调研、起草、论证、备案审查等环节，人大要积极作为，提高立法质量。其次，以人民为中心和民主立法是相互联系的。因此，可以结合民主立法的具体内涵来实现对人民利益的保障。立法部门要做到开门立法，立法项目和规划、立法草案及时向社会公布，拓宽公众参与表达的机制，使各项立法能够真正体现人民的现实需求。最后，立法要为了人民，积极回应人民群众新要求新期待。系统研究谋划和解决法治领域人民群众反映强烈的突出问题，不断增强人民群众获得感、幸福感、安全感，用法治保障人民安居乐业。②

人民痛恨由于利益冲突引起的腐败。防止利益冲突，就是保障人民的利益——公权不被公职人员所私用、公共利益不被以权谋私所侵占。

3. 从中国特色社会主义实际出发是立法工作的最大现实

习近平指出，走什么样的法治道路、建设什么样的法治体系，是由一个国家的基本国情决定的。③ 我们要“吸收借鉴人类法治文明有益成果，坚决抵制西方错误思潮错误观点影响”，应当“吸收中华传统法律文化中的优秀部分，同时，又要在实践中探索适合当代的法治

① 习近平. 运用法治思维和法治方式推进改革［J］. 理论学习，2014（12）：1-2.

② 习近平. 坚定不移走中国特色社会主义法治道路为全面建设社会主义现代化国家提供有力法治保障［EB/OL］.（2020-11-17）［2020-12-16］. http://www.xinhuanet.com/politics/leaders/2020-11/17/c_1126752102.htm.

③ 习近平. 关于《中共中央关于全面推进依法治国若干重大问题的决定》的说明［N］. 人民日报，2014-10-29（2）.

道路，使立法既能回应现实，又能关怀未来”。[①]

4. 提高立法质量和效率

习近平强调，发展要高质量，立法也要高质量。要以立法高质量保障和促进经济持续健康发展。“要抓住提高立法质量这个关键，深入推进科学立法、民主立法，完善立法体制和程序，努力使每一项立法都符合宪法精神、反映人民意愿、得到人民拥护。”要让人民群众在每一项法律制度中感受到公平正义。[②] 这些重要论述，对新时代立法工作提出了总要求，即提高立法质量和效率，使立法工作有了清晰的目标和努力方向。

我们推进新时代立法工作必须坚持质量与效率的统一。

5.“推进科学立法、民主立法，是提高立法质量的根本途径”

习近平深刻指出，科学立法的核心在于尊重和体现客观规律，民主立法的核心在于为了人民、依靠人民。

习近平高度重视完善立法体制，深刻分析立法领域面临的一些突出问题，要求明确立法权力边界，从体制机制和工作程序上有效防止部门利益和地方保护主义法律化。立法体制是立法主体的立法权限配置及其相互关系，直接影响立法质量和效率与法治统一。

2012 年 12 月 4 日，习近平在首都各界纪念现行宪法公布施行 30 周年大会上发表讲话：“全国人大及其常委会要加强重点领域立法，拓展人民有序参与立法途径，通过完备的法律推动宪法实施，保证宪法确立的制度和原则得到落实。国务院和有立法权的地方人大及其常委会要抓紧制定和修改与法律相配套的行政法规和地方性法规，保证宪法和法律得到有效实施。”[③]

① 习近平. 推进全面依法治国，发挥法治在国家治理体系和治理能力现代化中的积极作用［J］. 求是，2020（22）：4-7.

② 习近平. 在庆祝全国人民代表大会成立 60 周年大会上的讲话［N］. 人民日报，2014-09-06（2）.

③ 习近平. 在首都各界纪念现行宪法公布施行 30 周年大会上的讲话［N］. 人民日报，2012-12-05（2）.

2014 年 10 月 20 日，习近平在《关于〈中共中央关于全面推进依法治国若干重大问题的决定〉的说明》中强调指出："推进科学立法、民主立法，是提高立法质量的根本途径。科学立法的核心在于尊重和体现客观规律，民主立法的核心在于为了人民、依靠人民。要完善科学立法、民主立法机制，创新公众参与立法方式，广泛听取各方面意见和建议。"①

习近平同志还于 2014 年 10 月 23 日在党的十八届四中全会第二次全体会议上指出，要优化立法职权配置，发挥人大及其常委会在立法工作中的主导作用，健全立法起草、论证、协调、审议机制，完善法律草案表决程序，增强法律法规的及时性、系统性、针对性、有效性，提高法律法规的可执行性、可操作性。②

6. "要研究丰富立法形式"

习近平同志在 2020 年 11 月的中央全面依法治国工作会议上指出，"要研究丰富立法形式，可以搞一些'大块头'，也要搞一些'小快灵'，增强立法的针对性、适用性、可操作性"。"要总结编纂民法典的经验，适时推动条件成熟的立法领域法典编纂工作。"③

这些重要论述，为我们推进防止利益冲突立法指明了方向，使我们明确了推进立法的策略与途径。从实际出发，科学推进防止利益冲突立法法典化的进程。

7. "全过程人民民主"

2019 年，习近平总书记深刻指出："我们走的是一条中国特色社会主义政治发展道路，人民民主是一种全过程的民主，所有的重大立

① 习近平. 关于《中共中央关于全面推进依法治国若干重大问题的决定》的说明［N］. 人民日报，2014-10-29（2）.

② 习近平. 加快建设社会主义法治国家［J］. 求是，2015（1）：3-8.

③ 习近平. 坚定不移走中国特色社会主义法治道路 为全面建设社会主义现代化国家提供有力法治保障［N］. 人民日报，2020-11-18（1）.

法决策都是依照程序、经过民主酝酿，通过科学决策、民主决策产生的。”①

2021 年 7 月 1 日在庆祝中国共产党成立 100 周年大会上的重要讲话中，习近平总书记强调要“发展全过程人民民主”②。

新时代反腐败立法中公众参与制度的完善等，就是习近平全过程民主新理念在反腐败立法中的体现。

总之，只有扎根大地，一切从中国特色社会主义实际出发，才能立人民满意的反腐败法，只有以习近平法治思想为立法思想引领，才能有效推进反腐败国家立法，推进防止公职人员利益冲突立法。

（三）习近平法治思想是编撰防止利益冲突法的根本遵循

习近平反腐败思想和习近平立法思想是习近平法治思想的重要组成部分，深刻回答了反腐败国家立法工作中的一系列重大理论和实践问题，对反腐败立法工作中的各个环节、各个方面，都做出了系统的理论分析和政策指导，具有很强的指导性、针对性和实践性，是先进科学且与时俱进的理论，因而能成为新时代反腐败国家立法的思想引领和行动指南，也是编撰防止公职人员利益冲突法的根本遵循。

掌握了这一重大理论和先进思想，也就掌握了新时代推进反腐败国家立法的“金钥匙”，也就掌握了推进防止利益冲突立法的“金钥匙”。党的十八大以来的反腐败伟大实践雄辩地证明了这一点。

我们要深刻领会习近平法治思想中关涉防止公职人员利益冲突立法的内涵要义与时代价值，深刻把握推进防止公职人员利益冲突立法的重要性和紧迫性，以高度政治自觉把习近平法治思想融入防

① 2019 年 11 月，习近平总书记在上海虹桥街道考察全国人大常委会法工委基层立法联系点，同正在参加法律草案意见建议征询会的中外居民交谈时的讲话。

② 习近平．在庆祝中国共产党成立 100 周年大会上的讲话［N］．人民日报，2021-07-02.

止利益冲突立法全过程各方面，以形成具体的指导思想与立法思路，全面推动立法工作的开展。

三、我国防止公职人员利益冲突法的文本设计

（一）我国防止公职人员利益冲突立法模式选择和立法框架设想

1. 防止利益冲突立法模式与选择

（1）防止利益冲突立法模式简述。

概括而言，国外防止利益冲突立法模式大致有三种，即专门立法模式、刑事立法模式，以及行政伦理立法模式。①

上述立法模式都有其合理性，也各有利弊，一国最终采用何种立法模式，要根据该国的具体情况而定。我国也不例外，在借鉴其他国家立法模式的基础上，最终还是要立足本国的客观国情与实际需要，选择适合自身特点的立法模式。②

（2）我国的选择。

比较各国的立法模式与经验，在立法模式的选择上，我们认为，我国防止利益冲突立法模式应该是三合一的模式，一是统一制定防止利益冲突基本法，二是就防止利益冲突的各个方面分别立法，三是制定防止利益冲突相关方面的法，并制定实施防止利益冲突法的配套法律法规及实施细则。③

---

① 参见：聂资鲁. 防止公职人员利益冲突立法的理论与实践［J］. 中国法学，2013（6）：150-163.

② 参见：聂资鲁. 防止公职人员利益冲突立法的理论与实践［J］. 中国法学，2013（6）：150-163.

③ 参见：聂资鲁. 防止公职人员利益冲突立法的理论与实践［J］. 中国法学，2013（6）：150-163.

2. 我国防止利益冲突立法的框架设想

如何有效防止公职人员因利益冲突而引发腐败是当前各国面临的难题。法律由于具有惩防腐败的双重作用而成为破解这一难题的锐利的武器。目前，建立健全防止利益冲突法律制度已经成为世界上重要的反腐败举措。虽然我国在建立防止利益冲突制度方面也进行过探索，但由于大多停留在“党纪”“政纪”层面，加之监督和执行机制不完善，起的作用有限。在审视国际社会防止公职人员利益冲突立法和总结我国的相关实践与探索经验的基础上，应由全国人大制定一部专门的防止利益冲突法。①

设计的主要思路：一要突出预防的理念，二要全面吸收已有的法律法规和党内法规中的新要求、好经验、好做法。

为此，防止利益冲突法计划分六章。第一章总则，第二章公职人员行为规范，第三章避免和解决利益冲突的措施和程序，第四章法律责任，第五章实施、监督机构及监督办法，第六章附则。②

（二）我国防止利益冲突制度设计的特点

法的精神是法的灵魂，是指导法律制度设计的统领。防止利益冲突法的基本精神是“预防”，即防止利益冲突，预防腐败，推进廉政建设，这也是制定这部法律的宗旨和目的所在。因而，立法要围绕“预防”进行科学设计，要确定防止利益冲突的范围、方式、义务和责任。从预防制度设计的导向来看，有以下几个明显特征。

（1）对利益冲突实行全面防止。主要体现在对公职人员权力运行过程中可能出现的利益冲突的全方位防止。第三章用六个条文的

① 参见：聂资鲁．防止公职人员利益冲突立法的理论与实践［J］．中国法学，2013（6）：150-163.

② 参见：聂资鲁．防止公职人员利益冲突立法的理论与实践［J］．中国法学，2013（6）：150-163.

篇幅对财产申报与公开、资产处理、利益回避、离职后行为限制等方面作了具体规定，有利于从源头上防止利益冲突，预防腐败。

（2）对利益冲突实行科学预防、合理预防和职能预防。防止利益冲突涉及方方面面。本法明确并细化了防止利益冲突的义务主体和责任主体，使各方的职责更加明晰，也更加科学和符合实际。

（3）对利益冲突实行强制预防。主要体现在禁止性和处罚性规定上。对违反本法的行为，设定了较为严格的法律责任，体现了法律的强制性和严肃性。

（4）坚持治标和治本相统一。本法在起草中、在设计中努力体现治标和治本、惩治和预防、自律和他律的有机统一。

四、我国防止利益冲突立法相关问题研究

（一）立法过程中应注意的问题

防止利益冲突来源于社会政治生活，由此决定了它必须贴近并服务于社会政治生活。为此，在立法中应注意：

（1）明确公权与私利的利益边界，使公职人员能避免因利益越界而损公肥私。

（2）通过规定公职人员的活动准则、行为规范等，把其行为纳入法制的范畴，预防利益冲突。

（3）借助法律的强制力，形成用制度管权、管事、管人的有效机制，从根本上防控利益冲突。

（4）通过强化廉政教育和培训，努力营造防止利益冲突的法治氛围和崇尚廉洁的社会环境。

（二）性质与地位及与其他法的关系

1. 性质与地位

防止利益冲突法是为适应反腐倡廉建设的新形势，在总结国内外实践经验的基础上制定的。其核心在于预防，即消除腐败产生的条件和根源——利益冲突。在立法的设计方面，借鉴美国的做法，立足人性“恶”的假设之上：一切有权力的人都容易滥用权力。为了防止公职人员在公务活动中出现公权和私利相互错位的现象，必须明确界定公利与私利等概念，必须对公私利益的冲突行为做出原则性界定。只有这样，才可以堵塞所有公权私用、以权谋私的通道。从这个意义而言，防止利益冲突，是构建预防腐败法制体系的内在基础和逻辑起点；防止利益冲突法是预防腐败法律体系中的基础性法。[①]

作为国家廉政法制体系中一项重要的基础性法，它的地位极其重要，作用特别重大。

第一，防止利益冲突法规格高。目前，我国单行的预防法尚不多见，重要的有《反洗钱法》等。足见防止利益冲突法的重要性和地位。

第二，适用对象为公职人员。公职人员是国家事业的骨干和中坚，其言行对公民具有重要的示范与表率作用，也直接关系国家事业发展全局。但公职人员腐败犯罪的情况也很严重。可见，防止利益冲突法的重要。

第三，防止利益冲突法是预防腐败和其他工作的逻辑起点。防止利益冲突法涉及预防理念、公职人员行为规范、避免和解决利益冲突的措施和程序、违法后果、实施和监督机构及监督办法等方面。

① 杨绍华. 健全防止利益冲突制度的理论分析与实践路径［J］. 湖南社会科学，2011（6）：1-5.

2. 与其他法的关系

防止公职人员利益冲突法的内容和贯彻实施涉及许多重要的法律法规和党内法规。为此，我们认为：

一是要让防止利益冲突入宪。在《宪法》中对防止利益冲突内容做出明确规定。作为源头反腐败的重要预防法，其重要性是不言而喻的，理应在《宪法》中有专门的防止利益冲突条款。

二是防止利益冲突法要注意与《公务员法》《法官法》《检察官法》《刑法》《刑事诉讼法》《廉政准则》《行政监察法》《审计法》《国家行政机关公务员行政处分条例》和《中国共产党纪律处分条例》《中国共产党党内监督条例》等法律法规保持协调与衔接。

（三）我国防止公职人员利益冲突法的域外效力研究

自1977年美国《反海外腐败法》实施以来，该法案的域外效力问题一直是国际社会的热点争议问题之一。尤其是在全球腐败问题日益严重、腐败现象频发的当下，越来越多的国家接受与承认美国《反海外腐败法》的域外效力。一些国家也纷纷仿效美国，规定与强化其反腐败法的域外效力。如：英国2010年终于开始启动立法程序，所制定的《反贿赂法》比美国的《反海外腐败法》有过之而无不及。

一般来说，一国的国内法不具有域外效力，但“立法机构清晰的立法意图、对本国产生不利后果、行为地点在本国以及无外交冲突等可以成为法律不具有域外效力的例外”①。另外，国际法上的普遍

① 在 Environmental Defense Fund，Inc. v. Massey 一案中，上诉法院的首席法官 Mikva 在探讨《全国环境政策法》[The National Environmental Policy Act（NEPA）]是否适用于南极时，对例外情形做出的总结阐述。

管辖原则的规定,[①] 以及《维也纳条约法公约》对第三方效力的规定,[②] 都无不显示法律在特殊情形下的特殊效力。国际法院的一些案例也充分证明了这一点。

从理论而言，全球治理现代化的需要、全球公域的行政伦理、商业的社会责任、国家责任理论的新发展、国际合作的原则构成了反腐败法域外效力的合理性和合法性的基础，而腐败成为世界性难题的背景是促成反腐败法域外效力扩张的直接动因。

从实证而言，随着经济全球化的不断推进，法律正在走向全球化，法域之间的壁垒逐渐被打破，不同法域间法律效力的相互渗透，法律产生域外效力等的情形日益增多。在国际投资、经贸领域尤为明显。

在这样的背景下，我们认为在防止公职人员利益冲突立法中规定域外效力具有必要性、可能性和可操作性。

具体的思路大致有如下两方面：

（1）通过签订双边或者多边协定的方式来加强与其他国家、地区之间的反腐败合作。由于各国规定的域外适用条款容易产生冲突和纠纷，所以目前比较可行的就是建立多边反腐败合作和签订双边、多边反腐败条约。

（2）学习发达国家做法，解决域外适用的具体问题。如：强化域外适用规则中的法律责任。将行政责任纳入责任体系是必要的，因为将罚款、没收违法所得、冻结财产等措施作为具体手段，可以加强法律域外适用的实效。又如：可以考虑利用冲突规范解决域外效力法律适用问题等。

---

① 普遍管辖原则是指“为国际公共政策目的，为制止某些犯罪行为，而对非本国国民所行使的管辖权”。参见：[英] 伊恩·布朗利. 国际公法原理 [M]. 曾令良，余敏友，等译. 北京：法律出版社，2003：333.

② 《维也纳条约法公约》第 36 条规定：“除条约另有规定外，该第三国若无相反的表示，应推定其表示为同意。”可见，对于国际条约而言，仍然有域外效力存在的空间，条约可能对非缔约方产生法律效力。

结　语

为公是权力的天然属性。因而，公权为民，一丝一毫都不能私用。公私利益一旦发生冲突，引发的是“以（公）权谋私”“裙带关系”，导致的是腐败。故此，防止利益冲突，首先需发现、识别利益冲突，其次才是阻隔利益冲突、阻隔以权谋私、阻隔裙带关系。而实现上述目的，重要的是推进防止利益冲突立法。

本书从三个维度，即“代表性国际组织防止公职人员利益冲突的基本立法理论与实践”“代表性国家防止公职人员利益冲突的基本立法理论与实践”“中国推进防止公职人员利益冲突立法的历史探索与顶层设计”，把百余年波澜壮阔的防止公职人员利益冲突立法的法典化进程与理论体系全过程、多角度、成系统地呈现出来。把中国的立法放在世界立法的格局与背景下进行观照，更能使我们立足历史、现实和未来思考我们自己的问题，更能使我们立足世情、国情解决我们自己的问题。

一、关于国际社会防止利益冲突的立法基础理论研究

我们对西方国家利益冲突的理论进行了综合概括，对防止利益冲突的逻辑框架和防止利益冲突立法的正当性进行了理论分析。介绍了西方学术界对于利益冲突的形式、利益冲突与腐败的关系的归纳概括。总结了国内防止利益冲突的研究成果，防止利益冲突的理论

原点——“理性经济人假设”，“无赖”理论说明在公共事务管理中建立防止利益冲突制度的必要性；防止利益冲突的逻辑起点——限制和预防权力扩张，“寻租”理论证明利益冲突下腐败的必经之路是权力；预防理论说明避免、控制利益冲突是反腐败的需要；道德和意志基础说明防止利益冲突立法的正当性和合法性；“公职人员个人利益法定自我丧失”理论足以说明，公权源于人民或主权者的授权，公职人员行使权力应该是人民或主权的意志，而不是个人的意志或其他人的意志；“公职人员私权利有限”原则说明公共利益与公职人员个人权利相遇时，公共利益优先。

二、关于国际社会防止利益冲突的立法发展的宏观研究

我们认为可以将国际社会防止利益冲突的立法发展分为三个历史时期、三种立法模式。

（一）国际社会防止利益冲突立法的历史演进

第一个时期以瑞典1766年制定的《家庭财产公示规则》为开端到20世纪50年代，其间在美国、英国、法国等相继出台防止利益冲突的立法，如英国的《净化选举防止腐败法》《公共机构腐败行为法》，法国的《公务员总章程》，这一时期，上述国家还只是针对某些具体的利益冲突情况制定具体规则，还没有系统的立法思路和立法目标。

第二个时期以加拿大1973年通过的《利益冲突指导原则》为首创，到20世纪80年代，是防止利益冲突立法的开创和初步发展时期。这一时期，除了加拿大，美国、英国、北爱尔兰等西方发达国家

也纷纷制定系统性防止利益冲突的法律，防止利益冲突法内化为世界许多国家的自觉行动。

第三个时期是20世纪90年至今的大发展时期，这一时期通过立法防止公职人员利益冲突，以有效预防腐败成为世界各国的共识，典型标志是许多国际组织将防止利益冲突立法作为有效地预防腐败的重要策略写入国际条约当中，其中最具有代表性的是《联合国反腐败公约》，在国际条约推动下形成世界范围的防止利益冲突立法活动。

（二）世界各国防止利益冲突立法模式研究

第一种模式是以加拿大、英国为代表的专门立法和其他法律法规相结合的模式，在该模式下有专门的防止利益冲突的立法或制度，如加拿大的《利益冲突法》、英国的利益声明和登记制度，同时在其他法律，如加拿大的《公共服务雇用法规》《财政管理法规》，英国的《公务员行为准则》《反贿赂法》等法律法规中有对防止利益冲突的具体规定。这一模式强调基本法和其他法律法规的协调，体现立法合力，优势明显，日趋成为主流模式。

第二种模式为刑事立法与其他法律法规相结合的模式，这一模式的代表是美国。美国在《美国法典》第18编第11章规定了利益冲突的犯罪和相应的刑罚，同时还在公职人员伦理立法，如《美国政府工作人员道德准则》《政府道德法》《行政部门雇员道德行为准则》等法律法规中规定了防止利益冲突的内容。这种模式注重打击，威慑力大，但是适用性不强。

第三种模式是以韩国、日本为代表的行政伦理立法与其他法律法规相结合的模式。这一模式下，主要强调行政伦理立法，如韩国制定了《公职人员伦理法》，日本制定了《国家公务员伦理法》，韩国在《大韩民国宪法》《公共事务条例》等法律法规中，日本在《国家公务员法》中又都规定了行政伦理的内容，这些伦理立法包含了防止利益冲突的规定。另外，韩国制定了《关于禁止不正当请托及收受财物等的法律》等法律法规、日本制定了《处罚利用公职而获得盈利的斡旋行为的法律》等法律法规，具体列出利益冲突的情形。这一模式的优势是针对性强且较为灵活。

三、关于国际社会防止利益冲突的立法发展的微观研究

本书用两章的篇幅对联合国、世界银行等国际组织以及加拿大、美国、英国、韩国等国家的防止利益冲突制度进行了专题研究。

通过对这些国家和国际组织防止利益冲突制度的研究，我们认为我国应该转变立法理念，加强公职人员的道德教育与培训、完善已有防止利益冲突相关规定、完善证人和举报人保护制度、完善财政申报以及公示制度。我国有必要制定防止利益冲突法，明确我国防止利益冲突法的立法精神和基本原则，以美国立法为借鉴筹划我国防止利益冲突法的具体文本，要重视防止利益冲突法律的支持手段和设立利益冲突咨询机构。对比西方发达国家，我国防止利益冲突制度存在法律位阶太低且不系统、已有制度不够明确具体、缺乏执行机制等问题，因此我国应该建立和优化利益申报和公示、利益冲突处理机制、监察机制等。我国要取得良好的预防和打击腐败的功效，需要有清晰的反腐败角色定位、高效的内部报告及调查机制、严格的贷款和采购项目监控，本书借鉴国外做法，提出了完善我国银行业金融机构和政府采购防止利益冲突制度的建议。

四、关于我国防止利益冲突立法的研究

本书对我国防止利益冲突制度建设实践做了梳理和评估。我们认为我国防止利益冲突制度建设可分为四个时期。第一个时期是禁止党政干部收受礼品与经商时期（1980—1991 年），这一时期还处于制度建设的应急期，制度设计存在较大缺陷。第二个时期是专项治理腐败时期（1992—1999 年），这一时期虽然对腐败治理针对性强，但是带有运动反腐特点，缺乏程序设计。第三个时期是建立健全防止利益冲突制度时期（2000 年至 2012 年 10 月），这一时期不仅出台了一系列的党内法规和政策文件，而且在国家立法层面，也出台了大量的与防止利益冲突有关的规定，如《公务员法》《审计法》《证券法》等的相应规定。这一时期的特点是我国防止利益冲突的制度开始建立和逐步完善，但是在立法层面还不够完善，还未形成完整的防止利益冲突的法律制度。第四个时期是党的十八大以来的十年（2012 年 11 月—2022 年 10 月），这是持续推进防止公职人员利益冲突立法硕果累累的十年。这一时期，形成了一整套比较完善的党内法规体系和反腐败法律体系，共制定修订中央党内法规 156 部，制定了以《监察法》为中心的反腐败国家法律法规数十部。而这些党内法规与反腐败国家法律法规，大多涉及防止利益冲突的内容。

通过对我国防止利益冲突立法的历史梳理，我们认为我国目前制定防止利益冲突法的时机已经成熟。就必要性而言，从社会公平、和谐、稳定的宏观角度，从日益严峻的反腐败形势的急迫需要的中观角度，从应对《联合国反腐败公约》的微观角度而言，在当前都需要出台防止利益冲突法。就可行性而言，近三十多年来党和国家制定了一系列的方针政策和法律法规，已经为制定防止利益冲突法提供了理论上和政策上的支持与准备，积累了丰富的立法实践经验。我国

《宪法》、《法官法》、《检察官法》、《公务员法》、三大诉讼法等法律已经有大量防止利益冲突的规定，为现阶段制定防止利益冲突法提供了必要的法律依据和相关参考依据。国际社会上防止利益冲突立法已有长期的实践，为制定防止利益冲突法提供了足够的经验和教训。

我们在研究中注重从国际比较的角度，结合历史分析和理论分析的方法，总结国外防止利益冲突的立法经验和理论观点，梳理我国防止利益冲突的制度实践，从防止利益冲突的理论基础原点、逻辑起点、正当性和合法性，构建防止利益冲突立法的理论框架，最终提出我国防止利益冲突法立法的必要性和可行性，提出立法的基本框架和主要内容。

我们认为，未来我国的防止利益冲突法典基本框架和主要内容包含：第一章总则，第二章公职人员行为规范，第三章避免和解决利益冲突的措施和程序，第四章法律责任，第五章实施、监督机构及监督办法，第六章附则。

我国在制定防止公职人员利益冲突法中要注意处理好其与其他法律的关系，处理好与党内法规的衔接关系。

附录
中华人民共和国防止公职人员利益冲突法
（学者建议稿）

第一章　总则

第一条　为加强对公职人员的管理和监督，规范公职人员的公务行为，防止利益冲突，预防腐败，推进廉政建设，根据宪法，特制定本法。

第二条　本法所称公职人员，是指在国家机关中从事公务的人员，在国有企事业单位、人民团体中从事公务的人员，或受国家机关、国有企事业单位委派到非国有企事业单位、人民团体中从事公务的人员，以及其他依照法律从事公务的人员。

第三条　本法所称利益，包括财产性利益及非财产性利益。财产性利益是指动产、不动产；现金、存款、外币、有价证券；债权或其他财产性权利；其他具有经济价值或以金钱交易取得之利益。非财产性利益是指公职人员利用职权和职务上的影响在政策制定、行政审批、人事任免、奖惩、执法裁量、资格资质评定、评奖、评审等方面谋取的有形或无形的利益。

第四条　本法所称的利益冲突是指公职人员因其公职身份所代

表或维护的公共利益与其个人利益及特定关系人利益之间可能发生的矛盾和冲突。公职人员不得有意、亲自或实质上参与任何同自己有利益关系的事项。

第五条 本法所称特定关系人是指公职人员的近亲属、拟制血亲、近姻亲和其他共同利益关系人等。

近亲属，包括配偶、父母、子女、兄弟姐妹、祖父母、外祖父母、孙子女、外孙子女。

拟制血亲，包括养父母、养子女、继父母、继子女。

近姻亲，包括配偶的父母、配偶的兄弟姐妹及其配偶、子女的配偶及子女配偶的父母。

其他共同利益关系人，是指具有情感利益、经济利益或其他利害关系可能引起利益冲突的关系人，包括情人（情妇、情夫）、战友、同事、师生和老乡等。

第六条 防止利益冲突必须坚持预防原则、公开透明原则、公平公正原则和依法处置原则。

第七条 凡公职人员发生利益冲突的，适用本法。

第二章 公职人员行为规范

第八条 在公职人员中提倡廉正、诚实和尽责。

第九条 公职人员应当公平公正执行公务，正确履行职责，切实维护公共利益，保持公共职务廉洁性。对可能影响公正执行公务的行为，应主动回避，防止可能出现的利益冲突。

第十条　如果公职人员的私人利益与其履行的公务和责任之间发生冲突，应以有利于公共利益的方式来解决。

第十一条　公职人员不得利用职权和职务上的影响为本人和特定关系人谋取不正当利益。不得接受可能影响公正执行公务的礼品、宴请以及旅游、健身、娱乐等活动安排。

第十二条　公职人员不得私自从事营利性活动，不得有下列行为：

（一）个人或者借他人名义经商、办企业；

（二）违反规定拥有非上市公司（企业）的股份或者证券；

（三）违反规定买卖股票或者进行其他证券投资；

（四）个人在国（境）外注册公司或者投资入股；

（五）违反规定在经济实体、社会团体等单位中兼职或兼职取酬，或者从事有偿中介活动；

（六）离职或者退休后三年内，接受原任职务管辖的地区和业务范围内的民营企业、外商投资企业和中介机构的聘任，或者个人从事与原任职务管辖业务相关的营利性活动。

第十三条　公职人员不得利用职权和职务上的影响为亲属及身边工作人员谋取利益，不得有下列行为：

（一）要求或者指使提拔配偶、子女及其配偶、其他亲属以及身边工作人员；

（二）利用职务之便，为他人谋取利益，默许、纵容父母、配偶、子女及其配偶以及其他特定关系人收受对方财物；

（三）默许、纵容、授意配偶、子女及其配偶、其他亲属以及身边工作人员以本人名义谋取私利；

（四）为配偶、子女及其配偶以及其他亲属经商、办企业提供便利条件，或者公职人员之间利用职权相互为对方配偶、子女及其配偶以及其他亲属经商、办企业提供便利条件；

（五）允许、纵容配偶、子女及其配偶，在本人管辖的地区和业务范围内个人从事可能与公共利益发生冲突的经商、办企业、社会中介服务等活动，或者在本人管辖的地区和业务范围内的外商独资企业或者中外合资企业担任由外方委派、聘任的高级职务；

（六）允许、纵容配偶、子女及其配偶在异地工商注册登记后，到本人管辖的地区和业务范围内从事可能与公共利益发生冲突的经商、办企业活动。

第十四条 公职人员不得通过干预和插手市场经济活动，谋取私利，不得有下列行为：

（一）干预和插手建设工程项目承发包、土地使用权出让、政府采购、房地产开发与经营、矿产资源开发利用、中介机构服务等市场经济活动；

（二）干预和插手国有企业重组改制、兼并、破产、产权交易、清产核资、资产评估、资产转让、重大项目投资以及其他重大经营活动等事项；

（三）干预和插手批办各类行政许可和资金借贷等事项；

（四）干预和插手经济纠纷；

（五）干预和插手农村集体资金、资产和资源的使用、分配、承包、租赁等事项。

第十五条 公职人员在执行涉及本人和特定关系人的录用、调动、提任、奖惩等事项时，不得参加有关调查、讨论、审核和决定等环节的工作，或利用职权、请托斡旋等不当方式施加影响。

第十六条 公职人员在执行涉及本人和特定关系人的行政审批、

行政处罚、行政复议、行政协调、物资资金调配等事项时，不得参加有关调查、审理、讨论、审核和决定等环节的工作，或利用职权、请托斡旋等不当方式施加影响。

第三章　避免和解决利益冲突的措施和程序

第十七条　财产申报与公开。

公职人员，必须申报财产。申报人员须在任职后和离职（包括调动、退休等）后30天之内申报本人、配偶以及所抚养子女及其配偶的收入和财产状况，在职期间须于每年5月20日前申报上年度的全部财产，其中新增加的财产，应具体说明其来源。副部级以上公职人员的申报内容要全部公开，副部级以下公职人员的申报内容作有限制的公开。国家机构在公示遴选新的工作人员之前30日，应通知被遴选的工作人员申报全部财产，并将申报内容有选择地列入公示之中。

申报内容包括财产及收入（服务劳务所得、投资收益、动产和不动产）、交易活动情况、获赠及报销情况、赔偿及债务情况以及工作职位等，主要包括价值在5000元以上的动产、不动产、现金、存款、有价证券和期权、其他贵重用品、饰品和字画古玩等收藏品、债权债务、礼品馈赠、招待费，以及可能与公职发生冲突的利益等；并说明其取得的具体日期及经过。申报人在境外、国外的财产亦须申报。申报的各项财产，应逐项列明种类、数量和价值及其来源。其中的主要财产还须列明所有权（或占有权、使用权、收益权）证件的颁发机关、颁发时间和编号。申报人和家属及另立家庭的子女及其配偶参与的所有金融活动和不动产交易，均须实行实名制。

公职人员向所在单位的监察部门申报，再由该监察部门向财产申报受理机关申报。

被人大提名的官员，都必须填写好财产申报表并接受财产申报审查机关的调查核实，确无利益冲突或已解决好利益冲突问题者，才能获得正式提名。人大审查通过并正式任命该官员后，财产申报受理机关还要跟踪监督其履行承诺的情况。

财产申报受理机关在收到申报后，应于30日内将申报内容在相应范围的专设系统上和媒体上公布，即国家机关申报人的申报，在国务院专设系统上公布；各省、自治区、直辖市申报人的申报，在本省、自治区、直辖市的专设系统上公布；各市县申报人的申报，在本市县的专设系统上公布；国有企业申报人的申报，在本系统内专设系统上公布。副部级及以上公职人员的申报材料由财产申报受理机关在中央级报刊上统一公布。副部级以下公职人员的申报材料由财产申报受理机关有选择地在中央级报刊上公布。

凡公民或单位对申报人申报的财产及其来源的真实性、合法性提出质疑或检举的，受理机关应于一个月内给予书面答复，情节复杂一个月不能予以答复的，不得迟于三个月，且应向质疑人或检举人说明推迟答复的具体理由。

为了国家利益，受理机关确认国家核心保密人员的申报，不予公布。

第十八条　资产处理。

公职人员应当采取书面方式保证不参与任何可能涉及自身财产利益的工作和事项。

受理机构对财产申报人进行详细审查，对于发现的构成实际或潜在利益冲突的资产，应当按账户冻结、资产出售和资产托管（不知情信托）等方式进行处理。

出售财产是指公职人员以公平交易的方式出售财产，消除实际的或潜在的利益冲突。

通过不知情信托解决公私利益的冲突问题。

第十九条　利益回避。

公职人员必须竭尽全力为国家利益或公共利益服务，不得以公谋私。在担任职务或者执行公务前说明所涉及事项是否关联到本人利益，若存在关联关系就应当主动申请回避。

禁止公职人员参与与自己或其特定关系人或将来对其经济利益有影响的人有经济利益的任何特定事项。在三年之内回避参与与其原任职单位有关的事项。

对需要回避事项，应如实向利益冲突监督机关报告，并提交一份回避的书面报告。即使不属于回避的范围，若意识到某种关系可能会影响到自己公正处理某事，应请求利益冲突监督机关做出决定。鼓励自行判断是否参与其公正性可能受到怀疑的事项。

禁止具有一定亲属关系的人在同一机关或两者构成上下级关系的单位任职，禁止参与有关他们的任职、晋升、调动、惩处等事项。禁止一切可能存在潜在利益冲突的兼职行为。

利益冲突回避形式分为自行回避、依申请回避和强制回避三种。（一）公职人员明知存在利益冲突的，应回避人员为行政负责人的，行政负责人向受理机关书面提出自行回避的申请，应回避人员为非行政负责人的，非行政负责人向所在单位书面提出自行回避的申请；或自行停止可能造成利益冲突的行为。（二）利益冲突相对人可就可能存在的利益冲突向有关单位提出回避申请。应回避人员为行政负责人的，相对人向上级机关或同级行政监察机关提出申请，应回避人员为非行政负责人的，相对人向所在单位提出回避申请。各有关单位应严格审核，并及时做出是否回避的决定。（三）单位对工作人员应回避而未回避的行为，应及时采取强制回避。强制回避可采取暂停公职人员执行现职务，或制止可能发生利益冲突的行为等措施。（四）各单位对本单位的公职人员的录用、调动及任职，均须按本法严格把关，对涉及回避的人员，提出回避建议。（五）受理机构要建立健全公职人员利益冲突回避信息档案，定期更新和补充信息。对各种已存在或有潜在利益冲突的任命提出意见和建议，任命单位须及时予以调整。

第二十条 接受可能影响公正执行公务的礼金、礼品和宴请以及旅游、健身、娱乐等活动安排的限制。

公职人员禁止从利益关系人处谋取私利。在与私营部门的业务交往中不得接受礼物馈赠、娱乐邀请、公务接待及私人交易等。

公职人员禁止从利益关系人处收受金钱、礼品、房产或由其支付租用房产费用，接受服务费用，获取未上市的股票等各种有价证券、支付凭证。

除按照正常程序从金融机构贷款外，不得从利益关系人处贷款。

不得接受利益关系人的招待或与其一同用餐；不得参加利益关系人组织的任何不适当游戏或接受高尔夫球运动等健身、娱乐等活动安排；除因公出差外，不得与利益关系人一同旅游。

收受价值人民币500元以上的礼品就须做出说明，并将礼品上交；不得接受价值人民币500元以上的宴请以及旅游、健身、娱乐等活动安排，否则视为受贿，将依法处置。

第二十一条 公职以外活动限制。

公职人员不得参与利用非公开的政府信息从事经济交易活动，禁止不正当地使用这种信息谋取个人利益。

公职人员不得以个人或者借他人名义经商、办企业，不得违反规定拥有非上市公司（企业）的股份或者证券，不得违反规定买卖股票或者进行其他证券投资，不得在国（境）外注册公司或者投资入股，不得兼任商业、工业、金融业等以营利为目的的私营企业和其他团体的负责人、顾问或评议员等职务，也不得从事有偿中介活动。

公职人员接受利益相关人的邀请，参加有偿演讲、讨论、授课、写作、编辑以及电视或广播节目，必须事先征得利益冲突监督机关的同意。

第二十二条　离职后行为限制。

再就业范围的限制：在离职三年内，不得到与其任职期间有工作关系或联系较密切的公司任职，不得接受相关评估、采购等中介机构、民营企业、外商投资企业的聘任。

活动的限制：在离职三年内，不准作为某公司的代表或代理与其原任职单位打交道，不准代表某个国家对政府进行游说活动，不准利用原来掌握的内部信息谋取利益，不准个人从事与原任职务管辖业务相关的营利性活动，不准个人或者借他人名义经商、办企业。

第四章　法律责任

第二十三条　违反申报财产的法律责任。财产申报审查机关对于申报人不依法定日期申报或申报内容不详的，应责令其限期补报。逾期不报的，以拒报论处。对拒报者，视情节轻重给予相应的行政处分。监督机构对申报人申报的内容应进行严格审核，发现瞒报、谎报的，转移财产的以及新增财产来源不合法或不能说明来源的，情节轻微的，给予行政处分；对故意提供虚假信息构成犯罪的，依法追究刑事责任。

第二十四条　违反处理资产的法律责任。违反处理资产的规定，根据情节轻重，给予批评教育或者处分；构成犯罪的，依法追究刑事责任。

第二十五条　违反回避的法律责任。对公职人员应回避而未回避的，应做出强制回避决定。强制回避可采取停职、调离岗位、责令辞职或免职等方式。对公职人员未主动回避而造成重大影响的，或拒不执行强制回避决定的，根据情节轻重，给予批评教育或者处分；构成犯罪的，依法追究刑事责任。

第二十六条 违反接受礼品和宴请以及旅游、健身、娱乐等活动安排的法律责任。接受可能影响公正执法的礼品馈赠，不登记交公，情节较轻的，给予警告或严重警告处分；情节较重的，给予行政处分。接受可能影响公正执行公务的宴请，情节较重的，给予警告或严重警告处分；情节严重的，给予行政处分；构成犯罪的，依法追究刑事责任。

第二十七条 违反公职以外活动限制、离职后行为限制的法律责任。公职人员违反公职以外活动限制、离职后行为限制的规定，根据情节轻重，给予批评教育或者处分；构成犯罪的，依法追究刑事责任。

第五章 实施、监督机构及监督办法

第二十八条 利益冲突受理机关。

机构设置及权限。在国务院办公厅下设利益冲突受理办公室，在省、市、县各级政府设立利益冲突办公室，专门受理可能发生利益冲突行为的咨询、申报、举报、协调处理等工作。作为一个相对独立的职能部门，受理机构主要依据国家法律处理公职人员的廉洁问题，其成员通过专职聘任方式任命，不得兼任其他职务。

利益冲突受理员及其职责。负责公职人员的廉政教育和廉政工作指导；负责公职人员财产申报资料的管理和公开事宜；负责公职人员的资产处理，利益回避，接受礼品和宴请以及旅游、健身、娱乐等活动安排的限制，公职以外活动的限制，离职后行为限制等方面的审查工作；等等。利益冲突受理员有权就公职人员违反本法的责任追究提出具体建议。

第二十九条　利益冲突监督机构。

机构设置及权限。在国家监察委员会下设防止利益冲突监督办公室，监督公职人员利益冲突制度的实施情况；审查可能发生利益冲突行为的申报，受理公民的举报，调查公职人员的违反本法的行为；受理公职人员的申诉、复议要求、复查要求。

利益冲突监督员及其职责。（一）为公职人员提供利益冲突问题的咨询服务，通过实地调研或工作总结为政府提供防止利益冲突的建议和设想等；评估公职人员面临的利益冲突风险，帮助他们合理地处理可能会与公共利益发生潜在冲突的经济利益；以年度报告的形式向公职人员通报其遵守本法的情况。（二）对公职人员的公务行为、利益获取、经济往来等事项进行全方位审查和监督，必要时可以要求检察机关的协同介入。（三）调查与公职人员相关的利益冲突控告事项，并公开调查报告，以保证公职人员处于公众的监督之下。（四）与公共利益组织、私营组织和公共媒体展开广泛合作，听取其对防止利益冲突政策的意见。

第三十条　公民监督与举报制度。

公众有权根据自己意愿从政府机构获取信息。除某些涉及国家安全的特殊情况外，公民应当有权获得政府的文件，有权了解政府决策是如何做出的，并监督这些政策是否被有效贯彻，其中是否存在错误等。

公民对于任何公职人员的可能引发利益冲突行为，有检举、揭发、控告或提出质疑、提供核查线索的权利。举报人可通过口头、书面及其他形式进行举报。对举报属实者视情况给予一定的物质奖励。

在国家监察委员会下设公民监督与举报办公室，作为举报受理机关。具体负责举报的受理、登记、调查、督办、答复及归档工作。对问题不严重、不复杂的投诉举报，应立即进行协调处理，尽可能当场答复；对问题较严重、较复杂的事项，应认真组织进行调查核实，在规定的时限内做出答复和处理。

对举报事项、受理举报情况以及与举报人相关的信息予以保密，保护举报人的合法权益，确保举报人的安全。对泄密者给予行政处分，对泄密造成重大影响的移送司法机关处理。

任何公民不得包庇公职人员。如有为公职人员隐瞒和转移财产以及利用其他方法规避本法之行为的，情节轻微的给予行政处罚，情节严重的应承担刑事责任。任何公民不得故意捏造或者歪曲事实对公职人员进行诬告。对诬告者，情节轻微的给予行政处罚，情节严重的应承担刑事责任。

第三十一条　舆论监督。

本法所指舆论监督是指新闻媒体按照有关规定和程序，通过内参报道或公开报道的方式，对公职人员在工作中存在的利益冲突问题进行批评并促使其解决的活动。舆论监督是公民通过媒体进行的监督。

舆论监督是一种外部制约力量，是公职人员依法行政、回避利益冲突的重要保障。

公职人员要自觉接受舆论监督。对报道事实或观点有不同看法的，可以通过正常途径反映，但不得以任何形式干扰舆论监督工作。

公职人员，有下列情形之一的，根据情节轻重，由其主管部门依照有关规定，分别给予批评教育、通报批评、组织处理或纪律处分，并督促其接受舆论监督；涉嫌犯罪的，移送司法机关处理。（一）封锁消息、隐瞒事实或故意拖延推诿，拒绝接受新闻舆论监督的；（二）以行贿、说情等手段对新闻舆论监督进行干预的；（三）对新闻采编人员实施扣押证件和采访设备、限制人身自由、威胁人身安全等行为的；（四）对舆论监督信息提供者、舆论监督稿件采编者实施打击报复的；（五）有其他干扰新闻舆论监督工作行为的。

第六章　附则

第三十二条　本法自颁布之次年1月1日起施行。

起草人：聂资鲁

2019年7月2日二稿于广西大学法学院

后　记

本书是在我主持完成的国家社会科学基金一般项目“国际视野下防止公职人员利益冲突法律问题研究”（项目编号11BFX135）的部分结题成果、2013年承担的国家社科基金重大项目“推进反腐败国家立法与党内法规、制度建设研究”部分结题成果、2017年“十三五”国家重点图书出版规划项目“中国反腐败国家立法研究丛书”部分结题成果、2018年湖南省社科基金智库重大项目“中国反腐败立法研究”部分结题成果的基础上，按照2022年国家出版基金项目“中国反腐败国家立法研究丛书”的撰写要求，参考了大量中英文研究文献，重新撰写而成。

附录中的《中华人民共和国防止公职人员利益冲突法（学者建议稿）》，是本人在2010年承担有关部门委托课题的基础上反复推敲撰写而成。

对公职人员来说，需要通过“吾日三省吾身”，以破“心中贼”——贪欲，养成“廉洁”的习惯；需要他律（法律），以阻隔公权私用、公器私用。公共利益与私人利益是不能混同、混用的，否则就会引起利益冲突，导致腐败。所以，防止利益冲突立法是源头反腐的利器。如何有效防止利益冲突，值得研究的东西太多了。

为了获取第一手资料，从2010年始，我先后得到了时在中央纪委、国家预防腐败局工作的崔海容同志、刘汝鹏同志、程刚同志等的诸多支持，得到时在湖南省纪委、监察厅工作的周农同志、秦明兰同志、陆群同志等的大力支持，得到湖南省人民检察院的龚佳禾同志、游劝荣同志、吴健雄同志、饶力明同志、钟三英同志、铁晓迪同志等的大力支持。到各地进行调研、座谈，我取得了丰硕的成果，这对我撰写本书启发良多。

我在指导研究生的学位论文时，也有意识地引导博士生和硕士生选择防止利益冲突立法方向作为研究方向。我指导了3篇博士论文，如《我国检察机关防止利益冲突制度研究》（刘拥，2016，湖南大学）等；6篇硕士学位论文，如《OECD公职人员利益冲突制度研究与启示》（丁献策，2013，湖南大学），《食品药品监督管理系统防止利益冲突法律制度研究》（唐何，2013，湖南大学），《亚洲开发银行反腐败机制研究》（邓云笛，2012，湖南大学），《美国防止利益冲突法律研究》（徐淳，2012，湖南大学），《加拿大利益冲突法研究》（廖能婴，2012，湖南大学），《希腊利益冲突制度研究及对我国的立法启示》（范菁，2012，湖南大学）。为了指导研究生的毕业论文，我也先后阅读了数百万字的中英文文献，使我的研究视野更为宏阔、阶段性成果更为丰硕，让我对防止利益冲突法的建议稿有了更为全面的思考与设计。

本成果为实践部门推进党风廉政建设和反腐败斗争、完善防止利益冲突制度提供了蓝本与建议稿，获得了有关部门的首肯。

阶段性成果陆续发表后，在学界引起的反响也很大。

阶段性成果《防止公职人员利益冲突立法的理论与实践》在《中国法学》（2013年第6期）发表后，得到包括中央纪委、国家预防腐败局在内的有关部门的好评。中央纪委研究室曾将该项目成果呈送中央纪委领导、监察部领导，作为重要决策参考。中央纪委研究室《研究室信息专报》第41期（2014年6月3日）向委部领导呈递报告《舆论呼吁建立健全防止利益冲突法律制度》。

阶段性成果还得到时任最高人民检察院职务犯罪预防厅厅长宋寒松同志的重视和认可。2014年6月27日，全国检察机关第八期预防业务培训班在兰州开班，我被邀请作专题报告“防止利益冲突制度和预防腐败法律”，得到与会同志们的较高评价。

阶段性成果《域外防止公职人员利益冲突理论与实践研究》于2016年12月出版后，有学者专门撰写书评重点推介该书：（1）李林《为源头反腐寻找域外经验——〈域外防止公职人员利益冲突理论与实践研究〉》，《大公网湖南频道》2018年2月8日；（2）李林《他山之石 可以攻玉》，《湖南日报》2018年3月2日第十四版《前沿探索》栏目；（3）张智辉《防止公职人员利益冲突的域外模式》，《检察日报》2018年4月19日第三版头条；（4）雷鸣《〈域外防止公职人员利益冲突理论与实践研究〉读后》，《新阅读》2018年第6期。

2017年5月，本课题的阶段性成果《防止公职人员利益冲突立法的理论与实践》（《中国法学》2013年第6期）还获由中共湖南省委、省政府颁发的"湖南省第十三届哲学社会科学优秀成果二等奖"。

作者主要阶段性研究成果枚举表

序号	成果名称	成果形式	作者	出版社及出版时间 或发表刊物及刊登年期
1	《利益冲突词源探究与防范制度的发展》	论文	聂资鲁	《中国纪检监察》，2019年第15期
2	《通过法律手段规范权力，行使防止利益冲突的建议》	智库成果	聂资鲁	全国哲学社会科学工作办公室《成果要报》，2019年第13期
3	《防止公职人员利益冲突立法的理论与实践》	论文	聂资鲁	《中国法学》（国家级权威刊物，CSSCI收录），2013年第6期
4	《域外防止利益冲突立法：模式与选择》	论文	聂资鲁、刘小春	《中国行政管理》（国家级权威刊物，CSSCI收录），2016年第1期
5	《防治司法腐败，关键是防止利益冲突》	论文	聂资鲁	《检察日报》，2019年4月2日

续表

序号	成果名称	成果形式	作者	出版社及出版时间或发表刊物及刊登年期
6	《国外防止公职人员利益冲突立法与实践研究》	论文	聂资鲁	载《反腐败：防止利益冲突的理论与实践专题研讨会暨第四届西湖廉政论坛文集》，中国方正出版社，2012年出版
7	《域外防止公职人员利益冲突理论与实践研究》	专著	聂资鲁等	中国出版集团公司、世界图书出版公司，2016年12月出版
8	《防止公职人员利益冲突立法的国际视角与中国的探索》	论文	聂资鲁	《廉政研究》，2013年第4期
9	研发“党内法规与反腐立法专业特色数据库、案例库平台”，http：//law.gxuit.com/	数据库	聂资鲁	“党内法规与反腐立法专业特色数据库、案例库平台V1.0”，2021年12月获软件著作权

在本书中，我更关注的是代表性国际组织、国家在防止利益冲突立法探索、立法模式、立法体系等方面的得与失，一方面希望为我国编纂防止公职人员利益冲突法典提供一些借鉴；另一方面因为已有不少阶段性成果公开发表与出版，为了不重复，本书也只得尽可能压缩篇幅。当然，为了本书逻辑的连贯及书稿的体例统一的需要，少量的重复还是难以避免的，特此说明。读者若想了解更多的内容，请查阅上述“作者主要阶段性研究成果枚举表”中列举的研究成果。

另外，虽然我在书中想竭尽全力把所有他人的学术成果一一标注上，不掠人之美，但难免有遗漏，恳望大家批评、指正。

感谢湖南大学的领导、同事们的关心与支持，感谢广西大学的领导、同事们的关心与支持。

感谢老友陈湘文博士后长期的支持和关心。

感谢家人长期以来对我的理解、包容与支持。正是这些理解、包容与支持，使我能在学术的道路上勇往直前。

是为记。

聂资鲁

2023 年 6 月

于广西大学法学院